# 张梅玲：让孩子受益一生的数学思维训练

张梅玲 著

北京联合出版公司
Beijing United Publishing Co.,Ltd.

### 图书在版编目（CIP）数据

张梅玲：让孩子受益一生的数学思维训练 / 张梅玲著. -- 北京：北京联合出版公司，2021.10
ISBN 978-7-5596-5540-0

Ⅰ.①张… Ⅱ.①张… Ⅲ.①智力游戏-儿童读物 Ⅳ.①G898.2

中国版本图书馆CIP数据核字(2021)第181000号

**张梅玲：让孩子受益一生的数学思维训练**

作　　者：张梅玲
出 品 人：赵红仕
责任编辑：徐　鹏
封面设计：周延辉

北京联合出版公司出版
（北京市西城区德外大街83号楼9层　100088）
北京时代华语国际传媒股份有限公司发行
北京盛通印刷股份有限公司印刷　新华书店经销
字数120千字　880毫米×1230毫米　1/32　8.5印张
2021年10月第1版　2021年10月第1次印刷
ISBN 978-7-5596-5540-0
定价：59.80元

**版权所有，侵权必究**
未经许可，不得以任何方式复制或抄袭本书部分或全部内容
本书若有质量问题，请与本公司图书销售中心联系调换。电话：010-63783806

# 自序

很多人看到我,都会羡慕我80多岁的年纪却始终保持着年轻积极的心态,觉得我特别有活力。是呀,我没有一般老年人的眼花、耳聋、驼背,别看这个年纪了,头发基本上还都是黑色,身体康健。每年仍然坚持100多场的教育讲座,也在中国科学院心理研究所继续教育学院开办的硕士研究生课程班和高级研修班当了20年的授课老师,到今天为止我已教过108个班。由于当老师要不断修改和增添教学内容,这就促使我不断学习和思考。现在每周还至少有一次外地出差讲课的行程安排……

我之所以精神矍铄、心态年轻,我想主要赖于我的思维方式。我研究儿童思维发展将近50年的时间,我太明白一个人的思维方式,会如何决定他的人生。

不管我的年龄多大,我从不做自我限制。我会用发散性思维,思考我还可以做什么,我怎么让自己的人生有意义。当然我也会从发展运动的视角，时时体察自己的人生，做到既能从不同角度思考问题，又能从发散中学会聚合、学会选择让我的生活、工作、学习既有效又多彩的方式。我的人生可以有很多的可能性，孩子们更是如此。

既然思维方式如此重要，我们怎么去培养孩子们的思维让其拥有更好的未来呢？这也是我写这本书的目的。

这个时代，孩子并不是学习完所有的知识就够了，当然知识太多，穷其一生也学不完。孩子要学的是学会学习、学会思考，这就是思维！你怎么让孩子有独立思考的思维方式呢？

越宠爱孩子，什么都包办代做、直接给孩子现成的家长，越是在抹杀孩子独立思考的机会。而很少陪伴孩子、一切都交给学校老师和培训机构的家长，也无法满足孩子独立思考的需要。

我们常说"家长是孩子的第一任老师"，家长要怎么培养孩子的思维呢？这本书凝结了我多年来在家庭教育中儿童数学思维启蒙的精华内容。我想让更多的父母能够通过这本书学做智慧的爸爸妈妈。

在教育孩子的过程中，父母的自我成长必不可少，所以在本书最后一章尤其强调了父母要自我学习的内容。

想让孩子飞得更高，飞得更远，父母要给孩子一双坚强的翅膀才行。相信我，思维的培养，会是你送给孩子的最好礼物！

# 目录

## 第一章
## 聪明孩子,从家庭中的数学思维启蒙开始

第一节　圆中国梦,孩子是国家未来的主力军　　　　　003
第二节　幼儿教育不抢跑,启蒙才是关键　　　　　　　006
第三节　思维的核心是学会思考,数学是思维的体操　　011
第四节　孩子为什么学不好数学?　　　　　　　　　　013
第五节　对数学有能力学,却没兴趣学?　　　　　　　016
第六节　家庭中怎么做好孩子的数学思维启蒙?　　　　020
第七节　怎样发掘孩子的数学思维潜能?　　　　　　　027
第八节　让孩子持续爱思考的五大妙招　　　　　　　　038

## 第二章
## 踩坑了,我们以为这些都是孩子聪明的表现

第一节　让孩子表演数数的你,踩坑了吗?　　　　　　045
第二节　启蒙要趁早＝提前学小学知识,你误入坑了吗?　048
第三节　孩子大了,数学自然就会了,你也这样觉得吗?　050
第四节　心算够快,才是聪明的表现吗?　　　　　　　　052
第五节　孩子爱说话,就是逻辑思维能力强吗?　　　　　054
第六节　数学要用看图说话的方法来学吗?　　　　　　　056
第七节　算得快、算得准,孩子数学就非常厉害了?　　　058
第八节　孩子做题多了,自然什么都会了,你认可吗?　　061
第九节　答案都对了,就已经会了,是这样吗?　　　　　063
第十节　培养发散思维,鼓励孩子多说就够了吗?　　　　065
第十一节　听故事总是记不住细节,逻辑思维太差了吗?　068
第十二节　太贪玩的孩子,学习成绩怎么能好?　　　　　071

## 第三章
## 思维是一切思考之本,要注重培养孩子的思维

| | | |
|---|---|---|
| 第一节 | 计数能力——三步法,孩子有实践才真正问不倒 | 077 |
| 第二节 | 计算能力——巧妙变题型,启蒙思维更全面 | 081 |
| 第三节 | 比较能力——反过来再比一下,孩子才真正会比较 | 084 |
| 第四节 | 分类能力——让生活井然有序,分类是基础 | 087 |
| 第五节 | 推理能力——聪明的孩子善于发现线索和规律 | 091 |
| 第六节 | 解决问题——考100分并不是衡量孩子能力的标准 | 095 |
| 第七节 | 创新能力——请常对孩子说"然后呢?还有呢?" | 100 |
| 第八节 | 逻辑思维——简单的"因为……所以……"让孩子越来越有条理 | 104 |
| 第九节 | 空间思维——多搭积木能提升数学成绩? | 108 |

## 第四章
### 家庭游戏篇

第一节　计数能力——电梯里的数字先生　　　　115
第二节　计数、比较能力——一爬一拱的毛毛虫　　118
第三节　比较能力、可逆思维——水杯、绳子变形记　121
第四节　计数能力——请你准备接积木　　　　　124
第五节　推理能力——屁股赛跑你敢吗？　　　　128
第六节　计数、推理能力——数字棋挑战赛　　　131
第七节　推理能力——你说我猜一起玩　　　　　135
第八节　数形转化、空间思维——听指令摆图形　138
第九节　数形转化、推理——剪纸猜一猜图形　　141
第十节　计数能力——我们一起来买卖　　　　　144
第十一节　推理能力——一星期有七天　　　　　147
第十二节　比较能力——请来给它称称重　　　　150
第十三节　分类能力——请问谁是不一样的　　　153

| | | |
|---|---|---|
| 第十四节 | 空间、创新——图形拼摆四部曲 | 157 |
| 第十五节 | 分类、推理能力——玩瓶盖中的数学 | 161 |
| 第十六节 | 空间思维——镜子面前来模仿 | 165 |
| 第十七节 | 问题解决——捉虫子大比拼 | 168 |
| 第十八节 | 创新能力——添笔画来创造 | 171 |
| 第十九节 | 空间思维——开启寻宝之旅 | 174 |
| 第二十节 | 空间思维——我和球类玩具做朋友 | 176 |

## 第五章
## 要教育孩子，先教育父母，论智慧父母的自我修炼

| | | |
|---|---|---|
| 第一节 | 做好家庭教育，你需要读懂四点 | 181 |
| 第二节 | 智慧父母必修的五堂自我成长课 | 216 |
| 第三节 | 用好五面镜子，育儿更轻松 | 259 |

# 第一章

## 聪明孩子,从家庭中的数学思维启蒙开始

## 第一节
## 圆中国梦，孩子是国家未来的主力军

幼儿时期是人生的敏感期，也是人身心发展的快速期，这个时期的孩子对一切事物都充满了好奇和热情。孩子是祖国的未来，梁启超先生曾言："少年智则国智，少年富则国富，少年强则国强，少年进步则国进步。"因此如何教育好孩子，关系着祖国的强大与繁盛。

教育孩子，实际上是父母与孩子一起成长。父母的行为是孩子成长过程中的一份教材，如果我们希望孩子未来成为什么样的人，那么我们自己首先应该朝着这样的方向去努力，以身作则，为孩子做出表率。比如我们希望孩子不要多吃垃圾食品、不要迷恋电子游戏、不要自私自利等，那我们就要时时注意着自己的言行举止，不要只限制孩子而不约束自己，因为孩子可是在看着我们、学习并模仿着我们。同样，如果我们想让孩子爱阅读、懂礼貌、每天运动等,那我们就要为孩子营造这样的环境氛围,让孩子耳濡目染。

现在很多家庭只有一个孩子,因此孩子身上往往寄托着大人们太多的梦想。每当我看见那么多的小孩子在父母或祖父母的陪同下参加各种课外培训班,学识字、学拼音、学计算、学编程……真替孩子们感到忧心,担心压垮他们稚嫩的肩膀。

当然很多父母会说,我们这是在为孩子的教育投资。是的,在所有的投资中,教育可以说是最有价值的投资了。但教育投资有很大不同,在教育孩子方面,如果成功,那绝对是最重要的成功;如果失败,则可能毁掉孩子的前途。因此,家长不仅要保证孩子在物质上的满足,还必须投入相当大的努力保证孩子在精神、人格、人际关系等方面的健康成长。正如习近平总书记在全国教育大会上提到的:家庭是人生的第一所学校,家长是孩子的第一任老师,要给孩子讲好"人生第一课",帮助扣好人生第一粒扣子。

这是从家庭的角度说的,从国家的角度来看,孩子代表着国家的未来。如何实现中国的百年目标,圆中国梦?关键还是要抓教育!教育就是让孩子成长得更好。习近平总书记曾对孩子们说,要做到记住要求、心有榜样、从小做起、接受帮助。因此,我倡导的目标是健康、智慧和爱。健康是幸福的前提，智慧是成功的钥匙，而爱呢，则是让你创造和享受生活的乐趣。

如何教育好孩子？许多家长潜意识里认为教育和生活是两码事，在时间、地点和方式上都截然不同。比如教育就是很严肃的事情，必须有教材，必须专心听讲，必须有相应的教学方法，按照一定的程序进行，等等，其实这是我们受传统教育观念的影响，把教育僵化了。

教育与生活，本是一回事。生活要教育化，同样教育也要生活化，这样孩子才乐于接受、乐于参加、乐于思考。比如生活中的食品、电器、报纸、广告、路牌、小区的健身器材等都可以作为生动的教材；而超市、公园、动物园、书店等都可以作为教学的场所。这样寓教于乐的生活化教育，才是适合孩子的教育方式。

## 第二节
## 幼儿教育不抢跑，启蒙才是关键

很多父母会发现，自己家的宝宝到了 3 岁左右，本事变得比过去大得多了。在孩子的身上，似乎每天都在发生着肉眼可见的变化与进步。3~6 岁的孩子，似乎是一群永远不知道累的小家伙，他们总是活力满满。这个阶段的孩子正处于所谓的"精力旺盛年龄"，他们身体的一切机能都在生机勃勃地快速发展。

哈佛大学心理学教授理查德的研究发现，在 6 岁以前，脑细胞的发育已完成 90%，因此 6 岁以前是大脑发育的敏感期。尤其在 3~6 岁，是孩子教育启蒙的黄金期。因此这个阶段孩子的思维和智力会快速发展，并且大部分能力的启蒙教育也是从这个时候开始的。因为在这个年龄段，孩子的模仿能力强、接受能力强、好奇心大，可以说，你教什么他就学什么，你希望他成为什么样子他就会成为什么样子。任何事他们都喜欢去尝试和探索，不论是锤子、剪刀、秋千，还是三轮车。他们的知识经验、认识事物的能力、社会交往技能、语言表达以及思维，一切都在向前进步。

但幼儿的早期教育，并不意味着提前给孩子教授知识，对于3~6岁敏感期，做好简单的教育启蒙就够了，也就是让孩子自己有充分发挥的空间和条件，给他们表现的机会，让他们可以很好地发展自己的能力。在启蒙阶段，让孩子"做好自己"，并不以教授知识为重。

很多时候，从孩子3岁进入幼儿园的那一刻起，做父母的似乎长吁一口气，觉得终于完成了孩子的教育重任，接下来该幼儿园老师接手了。

真的是这样吗？孩子在不同的成长阶段会面临不同的问题，对父母来说，孩子的教育是一生之久的功课。所以做父母是一个非常需要智慧的工作，也是需要不断自我学习的工作。

3~6岁这个阶段，父母应该为孩子安排怎样的教育呢？回答这个问题之前，父母要先了解孩子在这个阶段的发展特点。

**一、当孩子特别爱问为什么的时候**

此时孩子的发展特点：强烈的好奇心、高涨的求知欲，处于具体形象思维为主导的阶段。

3 岁以后，父母会发现孩子的表达更流畅了、记忆力更好了，一下子变得好聪明，于是就开始教孩子识字、学数学、背古诗等等。想象得很美好，可孩子不愿意学，也坐不住。这是因为孩子在 3~6 岁时，他们的思维是以动作思维为主导逐渐过渡到以具体形象思维为主导的阶段，孩子只对和他们生活最接近的具体的人、事、物感兴趣。比如"为什么天上会下雨""为什么要给花儿浇水""为什么冰箱里是冷的""为什么有男孩有女孩"……

这时父母该怎么办呢？要用孩子听得懂的话，根据孩子的认知水平来为孩子答疑解惑。围绕孩子感兴趣的问题，父母可以用游戏的方式，让孩子自己在体验或实践中寻找答案。

要注意的是，对待孩子问问题的态度很重要。你是不耐烦、不理睬？还是耐心倾听、真诚回应？这关系着孩子的学习热情，他是否愿意继续探索、继续表达、继续思考，都与你的态度有关。请我们的父母保护并珍惜孩子的好奇心和求知欲。

## 二、当孩子想和小伙伴玩，但总是容易争吵打闹的时候

此时孩子的发展特点：出现强烈的社交愿望和兴趣，但还未学会合作。

虽然大多数孩子在 3 岁时会进入幼儿园这个大集体中，但并不代表他们的社交能力就培养成功了。仍然会有一些小朋友不懂得和其他小伙伴互动，总是在游戏中与他人出现争吵和肢体冲突；也有的小朋友性格孤僻，不爱和他人说话。

其实社交与合作，都是需要学习的，对于 3~6 岁的孩子来说更是如此。

孩子之所以不愿意分享玩具、不遵守游戏规则、总是在游戏中产生冲突等等，是因为孩子此时还是以自我为中心的思维模式，他们很难站在对方的角度去考虑问题，也很难理解他人的情绪。所以就需要父母和老师的引导，让孩子学习尊重别人、遵守规则、学会合作。

## 三、当孩子到了可以报绘画、舞蹈、钢琴班的时候

此时孩子的发展特点：从好奇心出发，因此兴趣多又杂，三分钟热度。

孩子到了 3~6 岁这个阶段，就会出现"报班潮"，很多

父母会考虑给孩子报各种各样的兴趣班,希望孩子有"一技之长"。在孩子感兴趣且时间和精力都允许的情况下,我并不反对报兴趣班。孩子可以在尝试一圈后明确自己真正喜欢和擅长的是什么,但劝各位家长一定不能盲目攀比,看到别人家小孩报什么班了,自己也跟随着报。

另外要强调一点,不要只注重智力开发或才艺培养,孩子的很多能力以及品格也都需要综合发展,比如社交沟通能力、团队合作能力、情绪管理能力、良好的学习习惯、自信乐观的性格等等,这些都不可忽略。

## 第三节
## 思维的核心是学会思考,数学是思维的体操

启蒙教育中最核心的是思维启蒙,而思维的核心是让孩子学会思考,为什么呢?

思维是让孩子能够动脑思考,它是认知活动中最高层次的能力,负责探索和发现事物的内部本质联系和规律性。很多人平时学习,习惯了用脑好好"背",而不是用脑好好"想"。一旦遇到困难,第一反应就是:"怎么办?谁来帮帮我?"这样的人依赖性强,爱向他人寻求帮助,自己却很少独立地去解决问题。

"孩子越小,越是培养孩子思维的最好阶段。"之所以在孩子小的时候启蒙他的思维,就是让孩子遇到问题时,能自己拿主意,会独立思考问题。比如能够关注事物间的联系、仔细辨别不同事物之间的异同,能够多角度认识事物,从而在最短时间内做出合理正确的选择。

孩子就是天生的探索家，所有小孩都有问"为什么"的阶段，这也是思维的典型表现形式。每一个"为什么"都会引导出一种因果关系，而成串的"为什么"就会引导出一个因果链条。因果关系代表的是一种逻辑关系，孩子不停地问"为什么"，就是在用语言探索逻辑关系，问"为什么"也是孩子语言敏感期的一种表现。在一个个"为什么"面前，父母一定要做正确、简洁的解答。如果答不出来，就如实地告诉孩子，并和孩子一起寻找答案，可以说："我也不知道，咱们一起来寻找答案吧，可以查查百科全书，也可以上网查查。"这样对孩子的未来很有帮助。

数学思维跟思维有什么联系呢？所谓数学思维，就是用数学的方式去处理问题。之所以选择在孩子 3~6 岁的时候，先启蒙孩子的数学思维，是因为：

第一，生活中处处充满数跟形，比如一只手有五根手指，去超市买了八个苹果，家里的电视是正方形的，等等，随时随地可以用这些与数学相关的素材给孩子做数学思维启蒙。

第二，孩子的思维发展特点，恰好处于以具体形象思维为主导的阶段，理解事物需要具体形象的实物。数学思维中的计数、分类、比较、推理等等，都可以用实物来训练，其他高阶的思维方式，并不适合这个阶段的孩子。

## 第四节
## 孩子为什么学不好数学?

我想谈起数学,多数父母的心情都很糟糕,尤其对于要辅导孩子作业的父母来说。孩子觉得数学难学,很多"过来人"的家长又何尝不这样想?

有一位年轻的妈妈来找我咨询,说:"张老师,我家孩子都上一年级了,但做口算时总是马虎出错。"我请她详细描述一下,她说:"比如15+15,明明等于30,他总写成210,也不知道怎么想的!他小时候数数挺溜的,而且100以内的口算张口就来,就是老出错。"

其实这种现象在孩子的数学学习中,是比较典型的。在孩子的思维方式里,14+14=28,前面是两个1相加,结果是2;后面两个4相加,结果是8,所以14+14=28。那么同样的,

15+15，前面两个1相加，结果是2，而后面两个5相加，就是10，写在一起就是15+15=210。

其实，出现这种错误的根本原因，是孩子在数学启蒙阶段没有打好基础。

数学对小孩子来说，一点都不简单。为什么这么说呢？在3~6岁阶段，孩子是具象思维，要用实物让孩子通过具体形象了解数字的概念。也就是这个时候，我们要帮助孩子把概念"变成一个简单的、看得见摸得着的东西"，而如果这个基础没打好，孩子学数数或者计算，更多是死记硬背的结果。

非常遗憾的是，我们做父母的，几乎都忘记了自己是怎么度过这个阶段的。此时我们是以成年人的眼光和心智，来看孩子的数学启蒙，难免会想，怎么这么简单都不会呢？"数数"有那么难吗？怎么3+4知道等于几，4+3就不知道了呢？……

那我们该怎么做呢？我的建议是，越是抽象的东西，越要用具象的方法来教。比如学数数时，"掰手指"就非常重要。

说到这点，估计很多父母会在心里发出疑问，"老掰手指，那太慢了，说明根本没有熟练掌握数数或口算呀"。

其实这也是很多家长会掉进去的误区，就是过早禁止孩子"掰手指"。总觉得不掰手指的数数和加减法，才是真正掌握了。其实这是大大地错了！

　　掰手指就是孩子在用具象的东西来帮助自己理解数字的含义，当然还应该尽量鼓励孩子用周围的实物来练习，比如玩具、糖果、小木棒呀，这些实物都是很必要的。不管是掰手指还是给孩子具体实物，这些都是手段，因为孩子还小，利用这些手段有利于让孩子掌握抽象的数学。当孩子不知道怎么计数、不知道5+6等于多少时，将这些实物摆在桌子上，让孩子动手操作一下，扒拉扒拉数一数、做做比较等等，用这种方式，可以让孩子轻松地建立数字、多少、加减的初步概念。

## 第五节
## 对数学有能力学,却没兴趣学?

有位妈妈给我发信息,说:"张老师,我女儿4岁了,爱看书,爱听故事,就是对数学不感兴趣。我曾尝试让孩子学习1+1等于几、2+2等于几。身边其他小朋友都会10以内加减法了,而我女儿不管是给她出题,还是给她用游戏的方式讲解,她都不配合,也不玩。哪怕有奖励,也不愿意。她就是对数学不感兴趣,请问我该怎么引导呢?"

当然这位妈妈的困惑,我相信也不仅仅是她一个人的,很多家长可能也会遇到类似的难题。

是数学太枯燥,所以孩子不感兴趣吗?那数学可真的是要"喊冤"了。其实不是孩子没有兴趣,而是启蒙教育的方法不对。

数学本来就在我们周围的生活里，所有你看得到的地方，都有数学的影子。华盛顿大学教育心理学博士格雷格·纳尔逊说过："每个孩子都能学好数学，孩子原本是天生的数学家。"而且"你不需要让数学变得有趣——它本来就远超过你了解的有趣"。

那为什么还是有很多孩子，甚至很多"过来人"的家长，也觉得数学无趣呢？最主要的原因是学数学用了死记硬背的方法，而不是用数学思维来学数学。

什么意思呢？刚才我举的例子里，孩子之所以不喜欢数学，是因为她要死记硬背1+1=2、2+2=4，这个当然没意思。学数学是要学着思考，而不是靠硬背。

对孩子的数学启蒙，要让孩子产生兴趣，这个至关重要。而数学在我们的生活当中非常常见，比如买了几个苹果，积木是什么形状的，妈妈比我高，我能看出快要下雨了，等等，这些都是能看得见、摸得着、用得上的数学。但可惜，很多爸爸妈妈不知道怎么让孩子发现生活中的数和形，而只是简单地把数字1、2、3……告诉孩子，让他认识数字，然后就开始教孩子抽象地加减运算。试问，这样怎么能让孩子喜欢数学呢？

除此之外，孩子在三四岁时好奇心非常旺盛，他们可能会时不时地问为什么，比如"爸爸，是谁规定 1+1=2 的呢？""妈妈，2 为什么这么写呀？"……好奇是孩子的天性，他们总是对周围的新鲜事物充满兴趣。当他们发出疑问时，是因为他们想要了解知识，总想知道这是什么，那是什么。

但是呢，很多时候，这份好奇心并没有得到解答和延续，甚至有时被父母粗暴打断："你怎么这么多问题？""别再问了，我也不知道！"孩子不敢问了，没有了好奇，也就没有了兴趣。

那怎么让孩子对数学感兴趣呢？

很简单，孩子的世界离不开游戏，游戏是孩子最喜欢也最能接受的学习方式，也是最有利于亲子关系的方式。比如吃饭时和孩子比一比谁的碗更大、装的东西更多；和孩子逛超市时，让孩子来帮着数要买几个苹果；等等。

还要给孩子一些实践体验的机会，比如问问孩子如果把一个三角形剪去一个角还剩多少个角，孩子很可能会说两个，那这个时候不妨让孩子自己拿剪刀试一试。

所以要启发孩子对数学的兴趣，不要再从认数字、学加减开始了，要更多地联系实际，借助生活中的各种事物，让孩子发现数与形的关系，学会比较，能够分类、推理等。

数学就在生活中，数学本身也非常有趣，用恰当的方式来启蒙，比如以上讲到的让孩子觉得数学有用、用游戏的方式学数学、给孩子一些动手实践的机会等，这些方式都会让孩子爱上数学。

一个妈妈带孩子去报一个培训班，如果办月卡，只需要30元，不限次数，随时可以去。如果不办月卡，那么单次的费用是10元。

听完介绍后，孩子很机灵，说："妈妈我们办月卡吧，月卡合适，可以天天去，每天也就花1块钱。"

妈妈说："你这样说是没错，但是如果这一个月你偷懒了，只去了一次，那么这一次的费用就相当于30元，比单次去的费用10元可是要贵。"

这位妈妈就很有智慧，和孩子一起讨论生活中的数学，并且引导孩子若是按月卡的形式去上课，就不能偷懒，不然不划算。而大人也别以为孩子不会算，像这个例子中的小男孩，就很会结合实际思考。

## 第六节
## 家庭中怎么做好孩子的数学思维启蒙？

最近我看到一个现象，有情绪的父母越来越多，跟他们聊了一下才知道他们的压力竟然这么大。每年我大概会做100场父母讲座，但是在我们培养自己孩子的时代，和现在的教育，真的很不相同。以前，利用有限的资源和环境，我们就可以做很多，孩子也可以学很多，在这个过程当中，爸爸妈妈和孩子们的关系会越来越亲近，启智也自然而然成了好的结果。家，才是孩子的第一所学校，而父母才是孩子的第一任老师，很多人已经接受了这个观念，但是我想说，这不光是指性格和习惯的形成，思维、智力发展等，父母也都是孩子无可替代的第一任老师。

### 第一，交给培训班，是不是就省事了？

我发现近几年一些思维训练类的培训班，在家长们当中可是很受欢迎呢，比如各类思维训练、数独训练、机器人课程、编程课程等等。毕竟家长不可能样样会，他们愿意借助培训班让孩子多接触一些领域，多培养一些爱好。

但我要强调两点：第一，送孩子去上培训班，一定不要盲目攀比，不能说别人都上，我家孩子也要上，对孩子来说最重要的是兴趣；第二，思维的启蒙，对这个年龄段的孩子来说，家庭是最合适也是应用最多的阵地，所以不要认为把孩子交给培训班就可以高枕无忧了，要将家庭中的启蒙利用起来。

为什么我不推荐各位爸爸妈妈选择这些培训班？因为最好的数学思维启蒙来自真实的生活场景。"孩子的大脑发展最适合的地方是温馨的家庭，最佳的营养是安全感，最好的刺激是父母的陪伴。"有了这些条件，在家里也能让孩子的大脑得到很健全的发展。

*有一次在讲课中间，有一位很年轻的妈妈，大概三十来岁，她是在外企工作的白领。*

她跟我说:"张老师,我好累好累,我没有想到,生一个孩子、养一个孩子那么累!"

我说:"你累什么呢?"

"我天天除了管他吃以外,还要管他学习,还要上很多很多的班。"

我说:"你的孩子上了什么班?"

"在上幼小衔接班,因为快要上小学了,怕跟不上。另外我还要让他学小提琴,就是孩子不愿意学,我家孩子喜欢学声乐。"

她说每次叫他去学,都得拉着他去,将自己弄得很累很累。

"我又要花钱,又要花时间,我自己的工作压力也很大。"这个家长显得特别焦虑。

我说:"你干吗要让孩子上那么多班呢?"

"我们楼下、楼上很多孩子都去上,我们不去上,我家孩子不就落后了嘛!大家不是常说,不要输在起跑线上嘛!"

后来我说:"是,不要输在起跑线上,这句话可能不完全错。问题在于你怎么起跑。"对于两三岁、五六岁的孩子来说,这个起跑线很重要的是让他喜欢、让他有兴趣、让他快乐,这是最重要的。

**第二,要想数学思维启蒙不出错,必须遵循这 4 个原则**

其实在生活中,有很多和孩子体验数学的机会。生活中的数学太多了,我们需要的是一双善于发现的眼睛,能在生活中处处看到数学,才能随时随地去启蒙孩子的数学思维。

对于两三岁开始启蒙的孩子来说,启蒙就是让孩子模模糊糊有点感知就可以了。那怎么做好家庭中的数学思维启蒙呢?遵循这四个原则,你就不会错。

1. 来源于生活

在生活中体验,并运用于生活中,一定不要让孩子觉得数学是多么深不可测的东西,而应该遵循"大道至简"的道理!咱们随便举几个例子,来看看生活中那些隐藏的数学:

最浅层次的,培养孩子对数字和数量的理解:

比如让孩子观察自己的身体,可以问问他"你有几只眼睛?几个嘴巴?手上有几个手指头?"等等。

随时看到的事物也可以问:"小狗有几条腿呀?数一数刚才爬了几级台阶。"

吃饭时在餐桌上也可以互动:"宝宝,你可以观察一下,看看是你碗里的米饭多还是爸爸碗里的米饭多。"

深一点的，培养孩子对形状和空间的意识：

比如孩子常玩的积木，可以让孩子观察和识别："这是长方形，这个是圆形的，这个是三角形的……"

平时孩子玩的玩具、读的绘本也有各种形状，可以给孩子介绍说"球是圆的、书是长方形的"等。

延伸一点，可以让孩子认识远近、上下、左右等空间概念：

如"这个汽车停在路灯旁边，小球放在篮子里面，现在妈妈走到你的前面"……

数学一定是来源于真实的生活，让孩子自己观察、自己接触，在这个过程中，父母通过一些引导可以很轻松地启蒙孩子的数学思维。

2. 经验中获得

孩子的成长是在实践中、活动中获得的，因此最好的启蒙就是让孩子从自己的经验中获得。

为什么这么说呢？主要是由这个时期孩子的思维特点决定的，让孩子在情景中去体验，他获得的经验比仅仅从书本上靠死记硬背得来的知识要印象深刻得多，并且对于孩子自己思维的启发很有帮助。举个例子：

带孩子逛超市的场景：我经常带着我外孙女去超市，去之前我会让她自己先统计我们要买什么，比如给家里每人买一个苹果，1、2、3……6，一共买6个；再给妈妈买3个番茄、2根黄瓜；给姐姐和自己各买一个冰激凌；等等。坚持一段时间，可以很好地培养孩子的数感。在逛超市结账的时候，我也会让外孙女一起帮忙算账，比如我会引导她来计算，这个冰激凌花了3元，我们给了收银阿姨5元，阿姨需要给我们找多少钱呢？

3. 父母启蒙占第一

父母是孩子最亲近的人，从孩子一出生，就开始教导孩子如何去认知这个世界了，可以说，父母是孩子第一任启蒙老师，也是终身的老师。

就像著名的教育家卡尔·威特说的一样，"父母对孩子的辅导是任何老师都替代不了的"。特别是妈妈的价值观、思维方式、教育方式等对孩子的影响是非常深远的。实际上，妈妈作为天生就与孩子最亲近的人，在教育孩子上有着先天优势。妈妈不一定非得是数学专家，但是善于用身边的东西激发孩子学习兴趣的妈妈，远比对着课本一板一眼教学的老师影响要更大。

每个孩子都是世界上独一无二的个体，各有不同。只有在家庭中,爸爸妈妈能根据孩子自身的发展来对他进行"因材施教""个性化培养"。这是课外辅导班以及学校里的老师所做不到的。

4. 跟随规律不超前

我研究儿童的数学思维已经 47 年了,对于孩子的认知发展规律,我想和大家聊一聊。

一定要遵循孩子自身发展的规律!这点非常重要。

你们知道吗,孩子每项思维能力的发展都是分层次递进的。比如分类能力的发展,孩子会先根据物品的外观属性,如颜色、形状等进行分类,再学会用类属关系,如动物、水果等分类。而且分类的标准是从一个维度逐步增加到多个维度,详细的内容我会在后面的章节里介绍。如果不遵从孩子的发展规律,跳跃着让孩子学,往往会起到揠苗助长的作用。

对于 3—6 岁启蒙阶段的孩子来说,他们都是从生活中获得有关数学的感性经验,并且是在不知不觉中获得。爸爸妈妈只需要给孩子提供符合他这个年龄阶段需求的材料和场景就行了。材料比如玩具、绘本,场景就是游戏或者生活中有关数学的对话等。对孩子数学思维的启蒙就是这么简单。

## 第七节
## 怎样发掘孩子的数学思维潜能？

"我家孩子天生就不是学数学的料"，我想问问各位家长，你们是否对自己的孩子也抱有过这种想法？或者自己小时候被家人贴过这样的标签？

之所以提出这个问题，还是因为周围也不乏类似的言论，比如：

"我家孩子太笨了，这么大了还不会算几加几"；

"数个数还得掰手指，有点反应太慢了"；

"我小时候就觉得数学太难了，现在也不会教孩子，他以后学数学的路肯定不好走"；

"我家这个连简单的10以内加减法都老算错，根本就不是学数学的料"；

……

每当听到这样的话，或者是上我课的年轻爸爸妈妈们说出这样的话，我都觉得需要教育的首先是父母们。

孩子的数学思维能力，既然是一种能力，就是可以习得的。而很多父母并不知道如何去挖掘孩子的思维潜能，也不懂得怎么有针对性地培养孩子的数学思维能力。

其实孩子是否有数学思维的潜能，要先观察和挖掘，然后是启蒙和培养，而不是早早下定论。

**兴趣是一切的前提，珍惜和保护好奇很重要**

孩子的好奇心是天生的，他们的小脑袋瓜对这个世界充满了好奇与探索的欲望，总爱问"为什么"。其实孩子们这种好问的行为、求知的欲望，是非常珍贵的，父母要保护和珍惜。

现实是，很多父母并不保护孩子的好奇心，因为嫌他烦。

一次课堂上，我和家长们分享了一本故事绘本。里面讲的是一只小鸡非常喜欢问"为什么"，无时无刻不在问大家，例如："爸爸，是你一唱歌太阳就能升起来，还是太阳升起来以后你才开始唱歌呢？""我说脏乎乎的猪先生，你的尾巴是故意卷成螺旋形的吗？"……问的问题太多了，大家都很烦它，叫嚷着:"闭嘴,你可真是一只问题小鸡。"这只小鸡便有了绰号,大家都喊它"问题小鸡"。当讲到这些情节时,好多家长都觉得太熟悉了,自己似乎也经常无意识地这样抱怨孩子。

我带着大家继续看绘本:小鸡在大家的打击下离家出走了,父母的世界终于安静了下来,可也没有了热闹和沟通。小鸡的内心一直很混乱,是不是因为自己不停问问题,大家不喜欢自己了,爸爸妈妈也不爱自己了?你看,当你打击了孩子的好奇心,不仅会影响他对这个世界的探索,还会影响他对爸爸妈妈的信任。

这个妈妈对孩子先天的好奇心,并没有满腔热情。我们生活中的很多父母也是在无意识中扼杀了孩子的好奇心。

如果孩子没有了对某个事物的好奇心,那么也就不会产生兴趣。没有兴趣的情况下,又怎么谈让孩子保持专注、认真?又怎么激发孩子的想象力、创造力?又怎么长期坚持下去?

挖掘潜能的第一步,是尊重孩子的兴趣,让孩子做自己喜欢的事。这个过程中要注意的是:现代父母特别期望孩子可以多才多艺,有更强的竞争优势,于是可能给孩子安排很多所谓的"兴趣班",但一定不要让孩"被爱好""被兴趣""被学习"。

**抓住 3~6 岁思维敏感期，潜能培养事半功倍**

孩子思维的发展是有敏感期的。所谓敏感期，是指个体在发展过程中某个因素的影响能起最大作用的时期，当个体处于敏感期的时候，他的某种行为会特别容易习得，发展也特别迅速。

孩子思维发展的敏感期是 3~6 岁，在这段时期，如果思维能力得到良好的训练和培养，那么孩子在思维方面的潜能将事半功倍。

如何在敏感期对孩子进行科学引导？很简单，做到三个坚持：

第一，鼓励孩子要认真倾听，但更要多表达。

因为语言的发展是思维的基础，孩子 3~4 岁的时候，正是词汇发展迅猛期。所以坚持让孩子多说话、多表达，多给孩子提供语言丰富的环境。

第二，坚持让孩子多动手，更要重视过程中的协调。

父母要坚持陪孩子多动手实践，这样可以有效锻炼孩子的空间想象力和逻辑思维能力，为孩子以后的成长和学习奠定基础。比如，陪孩子玩积木、做手工、画画等，不用太注重成果，更重要的是孩子在这个过程中习得的能力。

第三，鼓励孩子多观察，更要让孩子多想象。

成长过程中，父母要坚持让孩子多观察生活中事物之间的联系，寻找事物内在的特点。比如，同类水果之间的相似和不同之处，夏天的树叶和秋天的树叶有什么不同，路边停的车子有哪些不同……甚至可以引导孩子观察每个家庭成员的性格、喜好等。丰富的表象是想象力非常重要的基础，比如孩子看到一个圆形，可以让孩子闭着眼睛用手在眼前描绘这个图形的轮廓，在头脑中想象这个图形的样子。多做这样的练习，能促进想象力的发展。

## 培养成长型思维模式，让孩子变得更优秀

成长型思维，是相对于固定型思维来说的。

有成长型思维的孩子，会认可努力的重要性，懂得人的才智通过锻炼可以提高，只要努力就可以做得更好。在遇到困难时，不会那么快退缩和放弃，会愿意尝试更多的方法去解决问题。所以在潜能培养上，拥有成长型思维的孩子更容

易挖掘出自身的强大潜能。

那怎么培养自己孩子的成长型思维呢?

**容许孩子犯错**

首先,要正视一个事实,那就是人人都会犯错,犯错是正常的。犯错,其实是大脑学习和成长的方式,从孩子很小的时候,就需要给他一个积极的态度——从错误中学习,这次我们犯错了,那么下次我们需要怎样做才能更好。父母要做的就是利用错误中的资源,更好地教育孩子。

有个妈妈和我讲过一个故事,说她的女儿西西刚开始接触拼图时,经常不知道怎么拼或者会拼错。那个时候的她,总会捺不住性子地指导,甚至会用责怪的语气,似乎很不想孩子犯错误。

"我都跟你说了不是这一块,我说过了不对,你怎么就记不住呢?"

这样的后果就是减退了西西对拼图的热情,几乎很少主动去玩拼图,甚至害怕玩拼图。后来,这位妈妈反思自己之后,便调整了心态,不再寻求"正确",而是引导孩子从错误中学习,当西西自己发现错误时,妈妈会说:"哦,这里似乎拼不上了对吧?那我们来一起看看是哪里出了问题,然后再试试别的吧。"

长此以往,孩子在拼图中发现错误后,就不会出现负面情绪了,而是自己积极地去寻找正确的图块了。

## 接纳不完美的自己和孩子

每次讲课,都会有很多年轻的妈妈向我倾诉自己对于孩子成长的焦躁:说自己家的孩子如何调皮、如何叛逆、如何不听话……总觉得别人家孩子怎么就那么懂事、那么听话、那么好脾气……

其实每个家庭中的孩子都一样,都有调皮任性的时候,也都有乖顺听话的时候,这是孩子成长过程中的一个必经阶段。孩子不是十全十美的,若是用完美来要求或苛求孩子,那么不仅孩子累,你也累!

没有完美的孩子,同样也没有完美的家长,但是却有太多不完美的家长希望自己的孩子变得完美。如果孩子没有达到要求,家长就会产生负面的情绪,比如焦虑、唠叨等,这又导致了孩子的情绪崩溃,所以孩子才会有自己的小反抗、小叛逆……

有个妈妈分享了一个自己的故事：有次接孩子放学，和其他孩子的家长一起走在路上，在过马路时，这位妈妈手机响了，有个重要的电话，于是她便一手拉着孩子，一手接电话。

避过了几辆汽车，后来差一点撞到了一辆电动车上。孩子就开始冲她嚷嚷："平时你不是说过马路不能看手机、低头的吗？你自己都没做到。"

这位妈妈觉得当着这么多孩子和家长的面，被自己的女儿吼了，很是丢面子，一下子情绪也上来了，说了句："我这不是有重要的电话吗？"然后就一个人故意走在最后面，不理孩子了。

当时这个妈妈心里想：这样说我太没礼貌了，还当着别人的面教训自己的妈妈。回到家后，这个妈妈反思了一下，觉得自己做得不对，当时自己没勇于承认做错了，还把问题归到孩子身上。

到了晚上睡觉时，妈妈坐在孩子面前，认真地说："谢谢你对妈妈的提醒，过马路要专心，妈妈做错了，接打电话很不安全，以后过马路我不会这样了。"女儿搂着妈妈说："嗯，安全第一，这还是妈妈你教我的呢，我们都要记住哦。"

是的，家长也会犯错，也会因爱面子而做出不理智的行为，要真正地接纳自己，就要接纳全部的自己，无论好坏，而不是只接纳自己好的部分，这样才会给孩子做好榜样。

改变要先从家长自己开始，当放下那个一味只观察孩子缺点和不足的放大镜，才会发现孩子其实还是那么可爱！孩子有自己的优点，有自己的特色，每个孩子都是独特的。所以说，接纳不完美的自己，也要接纳不完美的孩子！

**学会正确的表扬**

我认为正确的表扬要包含两点：第一，表扬的态度要真诚；第二，表扬的内容要具体。第一点很容易做到，但第二点需要谈一谈。很多家长用得最多的表扬词就是"你真棒"，这就是空洞而笼统的表扬，一点也不具体。可以换种方式说"你刚才主动帮妈妈收拾桌子，非常感谢你，你做得很好""你今天在听故事的时候，提了很多不错的问题，说明你很爱思考，要继续保持"等等。

当然在"表扬具体"这点上，还可以再加上两个细节。成长型思维注重努力，所以在表扬孩子的时候，更多表扬孩子的努力，而不是天赋。比如孩子拼好一幅拼图，不要直接说："你好聪明。"我们可以说："我看到你刚才拼图时，非常努力和专注,所以你把拼图拼起来了,真厉害!"

另外,还要关注过程而不是结果。比如孩子做作业,如果他做出了一道题,不要说:"你好厉害,这么快做出来了!"而要说:"嗯,我看见你刚才做题的时候好用心,这个过程是不是很有意思?"

除了正确的表扬,不要忘了,最好再结合上"善意的批评"和"谨慎的惩罚"。

孩子犯错了,有时批评少不了,不过我要给家长的建议是,批评可以换种方式说,先找出一点孩子做得好的地方,当要批评孩子做得不对的时候,改成"如果你怎么怎么做就更好了"。这种善意的批评让孩子接受起来更容易,而且也给了孩子可操作的改进建议。

对于惩罚,一定记住不能轻易用,并且不管是硬暴力还是软暴力,我都不建议家长用。惩罚是为了让孩子知道自己错了,而且知道怎么错了,最简单的方式就是剥夺孩子最想要的就可以了,比如孩子每天喜欢看两集动画片,那么当他做错事后,今天就不能看动画片了,这就是一种惩罚。在这里我要强调一点,可以让孩子对惩罚有一点选择权,也就是让孩子自己选择要剥夺或取消的几种喜爱事物之一。

 张梅玲教授如是说

### 趣味故事

美国心理学家马丁·塞利格曼曾分享过一个与女儿有关的趣味故事：

有一次，他带着女儿在院子里拔草，5岁的女儿正是天性爱玩的时候，于是她就一边拔草一边玩耍，很不认真。塞利格曼看到后便数落女儿的各种坏习惯。结果，他女儿听完后，说了这样一句话："爸爸你每天都让我改掉坏习惯，可就算我的坏习惯全部改掉了，那也只是一个没有缺点的小孩，但我却没有优点，你为什么不去看看我的长处呢？"这句话让塞利格曼反思良多。

虽然在教育中，缺点的修正很有必要，但更重要的是要懂得发挥孩子的优势。因此家长要善于找出孩子的闪光点，并学会用放大镜来放大这些闪光点。

## 第八节
## 让孩子持续爱思考的五大妙招

培养兴趣并不难,难的是让孩子一直有兴趣。

我们培养孩子的数学思维,是为了让孩子爱思考,那怎么能让孩子持续爱思考并形成习惯呢?也就是让孩子一直保有兴趣,那就要谈到动机和需要了。

我们知道如果孩子不喜欢,做什么事情都是没有效果的。那么该如何培养孩子持续的兴趣呢?先来说说,孩子的兴趣从哪儿来?兴趣一定是他需要的东西。

大人也一样,我喜欢看书,我对看书感兴趣,不看书就难受,说明看书是我的需要;我对游泳感兴趣,游泳是我的一个需要。所以一个人的兴趣一定跟他的需要有关系。

孩子生下来就有三个天生的需要:

第一个需要——好奇心。因为他到世界上来,面对五彩缤纷的世界，他什么都不知道，因此他什么都想知道。这样一种心态，就叫好奇心。反应在行为上，就是越小的孩子越好问。

第二个需要——每个人都希望自己提高，都希望自己进步。孩子更是如此，越批评他落后，他就会越不高兴。

第三个需要——得到别人的评价。做什么事情都希望得到别人的表扬、肯定。所以，对于小孩子来说，表扬非常管用。

我们培养孩子的兴趣，要先从这三个需要来看。

第一个小妙招，针对好奇心，希望爸爸妈妈们经常设立一些不平衡。

人的成长过程就是一个从平衡到不平衡、再到平衡的过程，通俗地说，学会了就是平衡，学不会就是不平衡。你要让孩子好奇，给孩子设置一些他不知道的或想不到的点，比如他知道了10以内的加减法，2+2=4、1+5=6，那你马上出一道5+6等于几孩子可能就不会了，他还没学过加起来超过10的计算，所以就产生了不平衡，不平衡以后他就想知道了，而且是主动想知道。

第二个小妙招，结合第二个需要，我们要让孩子知道自己在天天向上。

比如平时给孩子安排了一些任务，每天鼓励他要提一个问题,每天要做一个闯关游戏……若是孩子做到了,或者做得比之前好,就随时告诉他,"你今天又有进步了"。建议对孩子的进步用可视化的表扬方式,比如画成图,让孩子天天看到自己的进步,让他看到他是在天天向上的;或者用一个类似"成长记录表"的工具,孩子进步了就给贴一颗星星,让孩子每天能看到自己累积的星星数,这也是对他的一种鼓励。

第三个小妙招,随时表扬和肯定孩子。

第三个需要对孩子来说特别重要。所以在数学思维启蒙的这个过程中,要随时表扬和肯定孩子。让孩子产生一个很重要的感觉,就是"我做成功了,我很愉快,妈妈表扬我了"。

比如说孩子在跟妈妈比赛,练习逻辑思维,要用"因为……所以……"对话,结果到最后,妈妈输了,那孩子会很高兴,"我赢了妈妈,所以我是第一名,妈妈表扬我了"。

这种被表扬的成功的感觉,让他会更希望、更喜欢、更主动去做这件事情。

第四个小妙招,爸爸妈妈要记住"小步子"三个字。

任何一个活动,任何一个训练,请爸爸妈妈记住三个字,小步子!就是可以有要求,但是不要苛求。

小步子的原因,很重要的是给孩子一个感觉,我努努力也能做到。这种感觉是培养他对这个活动的兴趣非常重要的一点，让他感到虽然不轻松，但还是能做到。

第五个小妙招，让孩子感到我学的东西离我很近，我学的东西也是生活当中很有用的。

第六个小妙招，让孩子当小老师。

心理学研究表明，最好的记忆方式就是把自己学到的东西教给别人。因此让孩子当小老师，不仅能让孩子更自信，也能让孩子把学到的东西掌握得更牢固，从而对学习更有兴趣。

兴趣的培养，尤其是持续性兴趣的培养，应该是多方面的，同时，也要根据孩子的特点。一定要读懂自己孩子的需要，满足孩子的需要，孩子的兴趣才会自然而然地培养起来。一旦我们成功培养了，爸爸妈妈就可以偷懒，省心很多。

张梅玲教授如是说

**名人名言**

心理学家盖兹曾说："没有什么比成功更能增加满足的感觉，也没有什么东西比成功更能鼓起进一步求成功的能力。"

教育心理学家盖杰和伯令纳也曾说过："表扬是一种最廉价、最易于使用且最有效的激发孩子学习动机的方法。"

作为家长，要注意多给孩子一些激励和表扬，满足孩子的成就感，并细心呵护和懂得分享孩子的成就感，从而让孩子更有学习兴趣及学习信心。

**参考文献**

邱娜.作文教学之我见[J].读写算(教育教学研究),2013(040):97.

# 第二章

## 踩坑了,我们以为这些都是孩子聪明的表现

## 第一节
## 让孩子表演数数的你，踩坑了吗？

很多家长都喜欢让孩子表演数数，这也是一说到数学启蒙，家长最觉得理所当然应该让孩子做的。其实咱们经常说的数学启蒙，应是数学思维启蒙。大多数父母认为教会孩子数数和加减法，就代表数学思维启蒙完成了，其实这是一个典型的方法上的误区，数学思维启蒙可不是数数和加减计算这么简单。

在我的课上，经常有学生聊起他们孩子的故事。有一个学生分享，她年仅3岁的女儿已经可以从1数到20了，每次有人到家里做客，她就让女儿表演数数。为此，她高兴得不得了，觉得孩子很聪明。

我当时在课堂上和她说："你可以再试试，将一些玩具等实物摆在孩子面前,让她数数有几个,然后下次课堂上请你再和我们分享。"

结果等下次上课时,这位学生果然发现了问题,她说:"虽然孩子数数能数到20,可是让她数东西的时候,只能数到3。"

我告诉大家说:"其实孩子能从1数到20,或者数到100,这只是唱数,就跟唱歌一样,只不过是死记硬背在大脑里,但对数量没有任何概念,这并不是数学思维启蒙。"

当然还有一个司空见惯的例子,就是用挂图让孩子凭空学数字。这个坑,我想大多数家庭都入得妥妥的。

邻居家有个小孩叫优优,从他刚开始咿咿呀呀起,家里人就买了1~100的数字挂图挂到墙上,这个挂图一按就出声,小孩就天天用小手随便按,家里人趁机每天领着他读1、2、3、4、5、6……

没多久,优优就能认识1~50了,每天小嘴里念念叨叨,邻居可是非常自豪,聊天时也经常夸自家的孩子。

这两个例子反映的问题都一样,数数并不是数完了事,很多时候数数只是孩子在单纯地模仿、记忆以及重复。所以要给孩子灌输一些数学概念非常重要：不应以数数的数量为要求，而是以数数的质量为要求。

怎么理解这句话呢？举个简单的例子，当孩子数到 10，他就要知道 10 的概念。也就是说，他能知道 10 代表 10 个物体，如果你让孩子给你拿 10 块积木，他能拿对。

要利用生活来教学，孩子学习数学最有效的方法就是通过操作材料来进行学习。所以在教孩子学数数时，每次数数，都要准备一大堆实物，比如一筐 30 个苹果，让孩子一边点，一边数。用眼睛看、用手触摸，动手操作是孩子进行数学思维的重要方式，让孩子直观明白数字在生活中的意义以及数字的应用。

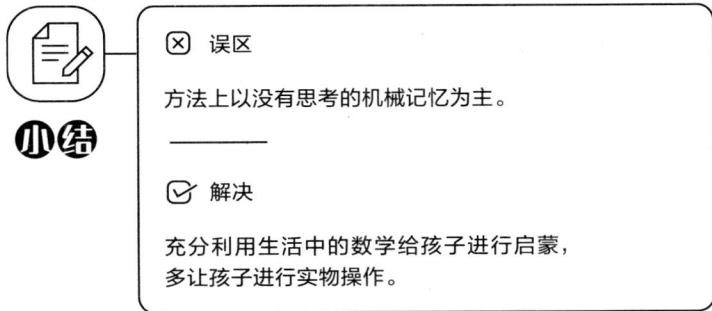

小结

⊗ 误区
方法上以没有思考的机械记忆为主。

☑ 解决
充分利用生活中的数学给孩子进行启蒙，多让孩子进行实物操作。

## 第二节
## 启蒙要趁早 = 提前学小学知识,你误入坑了吗?

在各个不同的城市里,家长或多或少都面对着幼升小的压力,所以早早就开始为孩子做准备。这种准备,一种是给孩子报各种培训班,拓展孩子知识也好,让孩子速成也罢,总之交给培训班家长才不那么焦虑;还有一种是在家自己教,对于数学思维启蒙来说,有的家长不知道怎么启蒙,那根据自身经验,好像也就是让孩子认认数字,早早开始学 10 或 100 以内加减法。

我见过最夸张的一个事例是:一个 4 岁的小男孩图图,已经开始每天做 10 以内口算题了。因为他奶奶给他报了一个学数学的班,孩子每天背公式、掰手指,没过几个月,100 以内的加减法也会了。当问到他奶奶"为什么这么早就让孩子学计算呀",奶奶的回答是:"早早学会了,上一年级就不用愁了,也不怕跟不上了。不仅学计算,我们还开始学拼音识字了。"

其实这种过早开始学小学知识的做法,我是非常不建议的,因为孩子的发展都是遵循着他自身的成长规律的。3~6岁的孩子正处于建立具象思维的阶段,若是没有经过具体形象的实物给他建立数概念,而是强制通过技巧学会抽象的加减法,这是靠数学记忆掌握的知识,并不是孩子自身的理解,所以终究会模糊。

另外,提前把小学一年级知识学了,对孩子究竟有什么用呢?其实缓解的也只是家长自己的焦虑而已。对于孩子来说,快乐的童年被学习替代,而到了小学后,这些知识又要重新学一遍,孩子还能有多大兴趣呢?产生倦怠情绪不说,还容易导致孩子的注意力不集中。

所以,不要急,慢一点,用更长的时间来让孩子认知和理解,先学会、学懂 10 以内的加,再慢慢引入减,一步一步用最科学的方式,让数学浸入到生活的各个角落。

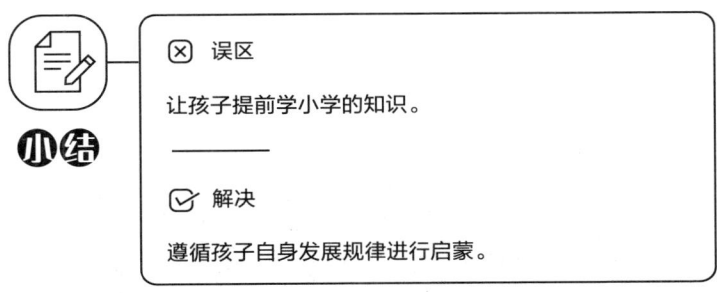

⊠ 误区
让孩子提前学小学的知识。

✓ 解决
遵循孩子自身发展规律进行启蒙。

## 第三节

## 孩子大了,数学自然就会了,你也这样觉得吗?

虽然现在有很多家长早早给孩子买了各种数学启蒙的册子、绘本及书籍,甚至给孩子报各种数学思维训练的辅导班,但也有相当一部分家长对此嗤之以鼻:"那么早让孩子学什么数学呀,到了小学自然就会了,还花那冤枉钱!"

这就是掉入了观念上的误区,认为这学前阶段孩子没必要学习与数学相关的内容,到了小学自然有老师教。

其实大量的研究表明,孩子在4岁前后会出现一个"数学敏感期",他们会对与数字相关的,比如数字、数量、排列顺序、形状特征等表现出极大的兴趣。在敏感期内进行引导,孩子会非常喜欢数学。反之,若是错过了敏感期,再加上教学方法不当,很有可能让孩子一提起数学就头疼、恐惧。

所以要抓住数学敏感期，顺应规律发展孩子的数学思维。

孩子的学习过程，是由简单到复杂，由具体到抽象。所以初步的学习，就是借助简单、具体的实物，让孩子慢慢去实际体验"数量"，再到后面来认知抽象的数字。孩子在亲自动手的过程中，自然而然就懂得了实物的多与少、大和小等，然后逐渐联想到具体和抽象间的关系。

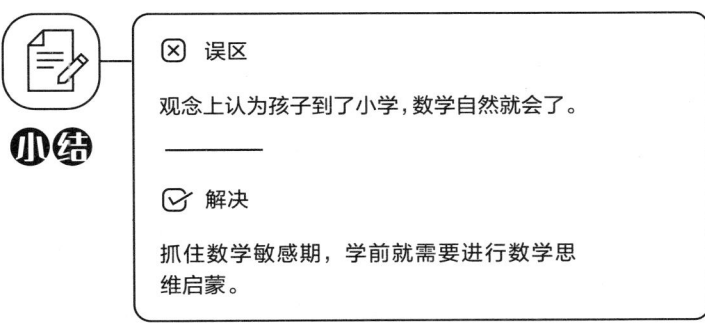

☒ 误区

观念上认为孩子到了小学，数学自然就会了。

☑ 解决

抓住数学敏感期，学前就需要进行数学思维启蒙。

## 第四节
## 心算够快，才是聪明的表现吗？

如果同样年龄的两个小孩一起算 3+5 等于几，心算的小孩，相比于掰手指计算的小孩，通常会受到表扬。因为大家潜意识里觉得，当你计算很熟练了，才能脱离开借助手指的计算。

所以孩子在初期学数数和加减计算的时候，家长会要求孩子不要掰手指；或者给孩子报个学数学计算的班，默记心法，让孩子在计算时能脱口而出。

其实孩子在学计算的初期，很需要借助具体实物来帮助理解，用手指也好，用小木棍也好，这是我们进行抽象的数学教学必要的手段和必经的途径，这些对孩子都是很重要的。

之前有一位妈妈跟我抱怨，明明是 10 以内的加减法，其他小朋友都能脱口而出，自己的孩子还需要掰着手指头算，不让他掰就偷偷藏到背后继续掰手指。我问这位妈妈:"那你为什么不准孩子掰手指呢?"她说:"掰着手指头算,不就说明孩子数学差吗?聪明的孩子根本用不着手指。"

我跟她说:"其实不是的,首先孩子之间是有个体差异的,家长没必要拿自己的孩子和其他孩子作比较;另外我们都知道心理学家皮亚杰说'3~6岁孩子的认知能力,正处于前运算阶段,也就是这个阶段的孩子,在培养形成使用字词、手势、标记、想象等符号的能力'。所以孩子在练习计算的时候,掰手指是个必经的过程,因为手指是孩子最容易获取的直观辅助材料。"

当然,除了掰手指,如果孩子想用小棒或其他东西来辅助他学抽象的计算,也都是可以的,要鼓励孩子,让他慢慢理解并熟练起来。心算快,可能是熟练的结果,也可能是强制记忆的结果,并不代表孩子就聪明。要给孩子时间,沉淀下来,才能真的学透、学懂。

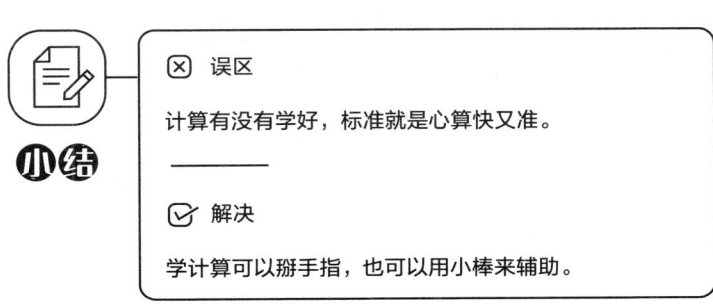

⊠ 误区
计算有没有学好,标准就是心算快又准。

✓ 解决
学计算可以掰手指,也可以用小棒来辅助。

## 第五节
## 孩子爱说话,就是逻辑思维能力强吗?

我见过一个孩子,确实特别爱说话,才3岁,小嘴天天说个不停。如果让他把一天的所见所闻说一遍,或者让他讲个故事,小家伙那就更刹不住车了,一直讲话,虽然有各种跳跃,但也不妨碍都能听得懂。于是孩子妈妈就说:"我家孩子逻辑思维能力很强吧,这么能说。"我告诉她:"孩子爱说话,这只是语言表达能力,可不是逻辑思维能力。所以不要认为会说话就是逻辑思维能力强,怎么说话才是关键!要看孩子说话时是不是有根有据、有条有理,有没有用'因为……所以……'这样的句式。"

这个常见误区就是家长很容易把孩子的语言表达能力与逻辑思维能力等同起来。

当然，语言是思维的外壳，尤其在 3~6 岁这个年龄段，要多培养孩子的语言能力，这样可以为孩子思维能力的发展打下基础。当然，在孩子练习表达能力的同时，多用"因为……所以……"这样的因果关联词，才能进一步促进逻辑思维能力的发展。

可能也有家长会想当然地认为：孩子还小，何必教这么高深的呢，等大了自然就会了。我要说：不！并不是的。逻辑思维能力是让孩子能正确合理地思考，从而培养解决问题的能力。并且这个能力在孩子日常生活中是时时都能用上的。任何一个能力若是没有针对性地培养，指望着孩子大了自然就会了，这可是有点妄想了。

小结

☒ 误区
孩子爱说话就代表逻辑思维能力强。

☑ 解决
用"因为……所以……"这样的因果关联词，可锻炼孩子的逻辑思维能力。

## 第六节
## 数学要用看图说话的方法来学吗？

经常有家长问我说："张老师，能给推荐几本数学绘本吗？"其实不管是数学启蒙的绘本，还是其他书籍，家长愿意多看多学，这是很好的事。但如果认为对孩子数学思维的启蒙，就靠几本绘本，那我想说，学数学可不是学英语，它可不是在文字图片和对话中就能理解的。

为什么这么说呢？数学本来就来源于生活，图像是很难让孩子了解物体的"形""重量""变换""空间"等实体感受的。

学习形状不是看图、看书，让孩子记住就行，而是真得拿出三角形、圆形积木，让孩子摸一摸，告诉他："你看，这个有三个尖尖的角，有点扎手，这是三角形""这个圆圆的，可以滚动，叫圆形"……

等孩子先认识了这些基础的形状，再带着孩子在生活中找到这些形状的应用，比如这个房顶是三角形的，这个井盖是圆形的，妈妈背的包是长方形的，等等。

数学本来来源于生活，学数学也是为了让孩子学会思考的方式，学会解决问题的能力。如果你在孩子小时候就开始启蒙数学思维的学习，懂得利用生活中的物品让孩子去探索和体验，那么你注重的是孩子能力的发展，孩子的基础也会打得更牢。但如果你的目标是应试，孩子会做题就行，那么这种方式，不仅折磨孩子，也折磨你。

那些鼓吹"让孩子跟着手机或电脑学就行，家长可以解放出来"这种理念的，我想告诉你们：用这种手段并不能让孩子真正理解和掌握数学。因为数学思维的启蒙，要把时间还给孩子，需要孩子自己去观察、发现和探索，而不是让孩子跟着线上的软件，看看动画学习。

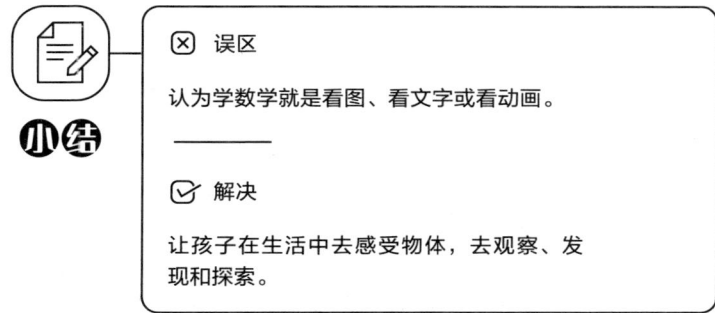

⊠ 误区

认为学数学就是看图、看文字或看动画。

☑ 解决

让孩子在生活中去感受物体，去观察、发现和探索。

## 第七节
## 算得快、算得准,孩子数学就非常厉害了?

其实数学牛不牛,并不是看孩子算得快或算得准来定的。可是,有一个非常普遍的情况,就是在大多数父母的经验当中,觉得孩子数学表现好,就一定要算得快、准确性高。比如我接下来碰到的这个场景:

在公园遛弯的时候,碰见了邻居带着她的小孙子在玩。邻居和我聊天时,夸她的小孙子虽然刚5岁,但20以内的加减法已经滚瓜烂熟了,做得是又快又准。我说,那我考考他吧,我问:"小朋友,给你3个数,5、8、13,你能组成一道算式吗?"小家伙想了半天,蒙蒙地,不会回答。然后奶奶在旁边都急了,忍不住插嘴:"我问你5+8等于几?"孩子说13,"这不就回答对了嘛,那刚才问你的怎么就不会呢?!多简单呀。"

后来我又问孩子："那还可以几加几等于13呢？"他不知道，就只会5+8=13。然后我告诉这位邻居奶奶："其实孩子不是笨，但算得又快又准也不代表就是很厉害，可能只是记忆力好，为什么这么说呢？孩子若是小的时候没有对'数量''加''减'理解明白，那么做算术题的时候很可能靠的就是死记硬背。"

可数学毕竟要靠孩子的理解和思考，而不是靠记忆力。孩子越小，他的理解能力越差，这和聪明还是笨没有关系，因为这是每个孩子发展的规律。所以只要不是天才儿童，大多数学龄前孩子，在算数时算得慢、容易出错、要掰手指头，都很正常。因此，不让孩子掰手指计算，非得强迫孩子算得快和准，就会逼迫孩子靠死记硬背来非常熟练地说出答案。

如果在3~6岁这个阶段，孩子经常靠机械化地背诵来处理计算，这些都是重复性的行为，那么时间久了，孩子的大脑就开始懈怠，并缩小脑神经扩展的力度，不再高速发育，而是局限在一个区域中，不断重复和加深。

也就是说，一味要求孩子算得快、算得准，在孩子本身理解能力有限的情况下，反而会让他的大脑偷懒。所以别看有的孩子算数表现得挺好，这可不代表数学能力强，真正的计算是让孩子学会思考。

数学在孩子整个的智力发展过程中所扮演的角色,就是激发大脑熟悉数字、熟悉规律、熟悉关联、熟悉因果……通过数、量、形等在生活中的运用,来推动大脑皮层的活跃。

☒ 误区

计算的唯一标准就是要算得快又准。

☑ 解决

孩子计算时,算得慢、容易出错、掰手指,都是很正常的,家长要适当引导孩子,慢慢地不掰手指。

## 第八节
## 孩子做题多了,自然什么都会了,你认可吗?

有不少家长,在孩子上了幼儿园之后,就开始给孩子买口算练习册。关于10以内的加减法,有的孩子是家长自己在家教的,有的孩子是在课外班或私立学校的老师那儿早早学的,不管如何,很多家庭确实给孩子准备了不少口算练习册,让孩子每天做一页或几页。尤其是孩子到了中班或大班,做的题难了,量也大了。

从家长们的角度来说,就是要多做题,做得多了自然就会了。而且多做题是为了给数学打基础,别人家孩子都在做,若是自家孩子不多做题,迟早会被落下。

多做题,或者说"刷题",似乎是中国特有的词语,并且不管孩子年龄大小,家长的潜意识里就认为多做题才能培养出能力，做得多才能学得会。但对于小孩子来说，天天刷题，简直是酷刑！在他们还没有理解透的情况下，要多做题并且做得对，这不是逼孩子在用记忆力学数学嘛。让孩子们在大量的重复中形成了固定思维，锁住了他们原本活跃充满创造力的大脑。所以为什么总有孩子会谈"数"色变？是因为这些源源不断的算数题，让孩子们苦不堪言。

其实在孩子有了数感，并通过具象的方式认识了数概念，也理解加减法后，可适当做一些练习题。但是要注意的是，做题的同时需要孩子主动思考，而不是重复记忆，所以多让孩子去解决一些需要主动思考的题目才更有效。

因此，不建议刷题，偶尔做点难题可以。真正提高数学思维的是这些难题中的挑战性内容，这些才能带给孩子对于生活的思考和理解！

☒ 误区

多做题就能让孩子的思维发展好。

☑ 解决

做一些练习题是必要的，但不是越多越好，要多让孩子去解决一些需主动思考的题目。

## 第九节

## 答案都对了,就已经会了,是这样吗?

西西是个很聪明的3岁多的小男孩,他的妈妈也很注重培养他的思维,早早就给孩子买了智力开发类的书籍。她每天让孩子做10道思维题,比如走迷宫、推理连线、物品分类、比大小等等。每次只要西西做对了,妈妈就觉得他肯定会了,所以也不会问孩子:"你是怎么想的,能说说理由吗?"

后来有一天,妈妈发现西西在做实物与影子连线的题目时做得不对,就引导孩子"你找找线索呀,看看它们哪个地方像,然后才能连在一起",可是孩子听不懂,怎么都不会。妈妈觉得很奇怪,之前不一直都能做对嘛,于是翻到以前做的类似的题目,让西西说说"为什么这么连",结果西西也说不上来。此时妈妈才注意到,孩子有的时候做对题了,但不代表他就会了。

是的，做数学思维的启蒙更是如此。我们要注重孩子思考的过程和策略，虽然结果重要，但也不能只看结果而忽略了过程。

尤其孩子在学龄前这个阶段，孩子的思维特点是具象的，在对孩子进行数学思维启蒙的时候，要让孩子一个个真正地去数实物，他才能了解数的意义；让孩子把东西放到一起比较，他才能看到不同；让孩子掰着手指去计算，他才能逐渐明白加减法的含义。

同样地，在孩子进行一些更复杂的思考时，他的头脑当中并不是像成人一样清晰，他只能初步地利用头脑中的简单表象来进行思考。所以此时家长要引导孩子把他的思考过程说出来，弄明白他是怎么想的，才能知道在哪些环节给孩子提供帮助。

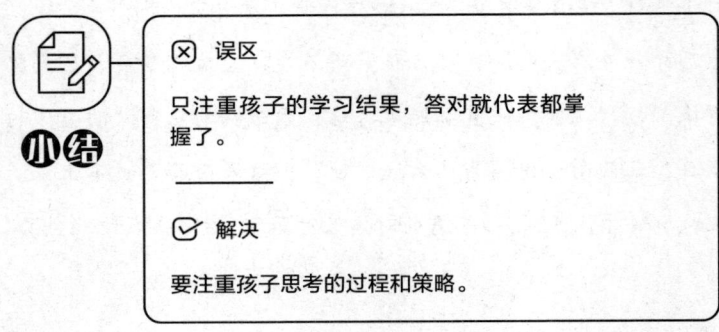

⊠ 误区

只注重孩子的学习结果，答对就代表都掌握了。

☑ 解决

要注重孩子思考的过程和策略。

## 第十节

## 培养发散思维,鼓励孩子多说就够了吗?

说到培养孩子的发散思维,家长要先知道什么是发散思维。其实发散思维在我们日常生活当中经常会用到。比如平时我们讲一个东西可以有多种用处;一个问题可以从多方面去想。这种多方面的、开放的、寻求不一样的思维,基本上都属于发散思维。

更通俗一点来说,孩子会不会举一反三、有没有想象力、能不能一题多解等,这都与发散思维有关。

对于3~6岁的孩子来说,他们对生活总是充满了好奇,会提出许多奇奇怪怪的问题。

提问题,表明孩子在积极思考,所以鼓励孩子提问题,这也是培养孩子发散思维很重要的一步。孩子知道得越多,他们的问题也就越多,强烈的求知欲望能刺激孩子的大脑进行积极的思维活动。

此时,我要提醒大家一句,在鼓励孩子多提问、多思考时,非常容易犯的一个错,那就是不给反馈。什么意思呢?我们来看这个例子:

在一次讲座中,我给年轻的爸爸妈妈讲了一个案例,请他们来讨论。

其实训练孩子发散思维的方法很多,比如说出物品的多种用途、给故事改编结尾等等。在培养孩子发散思维的过程中,有两个家长,他们在做法上是有一些不同的。

A 家长,让孩子说说报纸有多少种用途时,不停地用"还有呢""再想想"来鼓励孩子继续思考。等孩子实在想不出来时,告诉孩子,"这次你一共想出了几种用途,很不错了"。

B 家长,在给孩子做同样的训练时,也会鼓励孩子多想想,再想想。等孩子都说完后,他会把孩子说的答案都记下来,然后让孩子进行一个比较,自己评价一下这些想法中,哪些可以实现或哪些更实用。

那你们觉得哪个家长做得更好?当然是 B 家长。换个简单的训练,比如今天从家去公园玩,让孩子说说有几种出行方案。孩子可能会说,坐公交、开车、坐地铁或者骑自行车。那么当他说完后,让孩子再比较一下,如果要快点到达,为了节省时间,应该选哪个方案?如果为了锻炼身体,选哪个?……

你看,同样是训练孩子的发散思维,但不仅仅是鼓励孩子多说一些就够了,不要只停留在让孩子说得多,生活中没有最好,只有更好。因此让孩子学着比较一下自己所说的各个想法的特点,帮着孩子梳理他的想法,并给出正向的反馈,这样才能真正激发孩子的发散思维。

⊠ 误区

发散思维的培养,就是鼓励孩子多说、多想,不用给反馈。

☑ 解决

发散思维的培养,要给孩子反馈,并让孩子学会比较。

## 第十一节
## 听故事总是记不住细节,逻辑思维太差了吗?

有一位妈妈说自己太难了:"你们不知道教育孩子有多难!"原来前一天晚上幼儿园老师在群里给孩子们布置了作业,亲子共读一本故事书,到时让孩子在幼儿园分享。一个简单的故事,这位妈妈给孩子讲了五遍,孩子都记不住细节,妈妈气得不行了,忍不住嘟囔孩子笨,孩子不干了,哇哇大哭。

这样的场景是不是很熟悉?孩子听了一遍又一遍的故事,但你一问细节,他又回答不上来,什么都记不住,让孩子讲讲这个故事吧,完全不会讲,没有逻辑。

我要说的是,孩子记不住细节,不代表孩子逻辑思维差。记住细节,体现更多的是记忆力的好坏。

家长觉得简单的东西对孩子来说并不简单。听故事,孩子首先需要记住大框架,知道故事的主要内容。如果对这些还不熟悉,就要求孩子掌握故事里的小细节,这是不现实的。

大人看一个故事,能看到故事里的原因和结果,有了这种因果关系,所以很容易将故事串联起来。对孩子来说,这种逻辑结构需要培养:

第一步,给孩子从头到尾先讲两遍故事,先让孩子熟悉故事的框架,然后把故事书合上,引导孩子慢慢复述一遍框架。这个时候复述的是故事大致讲了什么,不需要刻意让孩子去回忆细节。

第二步,孩子已经能复述故事框架了,那么就让他试着给你讲一遍。前提是在不看故事的情况下,让孩子边回忆边讲述。可以用提问的方式,引导孩子明确故事中的因果关系,这样更有助于孩子理解和记忆故事。

第三步,再翻开故事书,与孩子一同再看一遍,这时可以将里面的细节都认真看一遍,同样可以用边看边提问的方式来达到更好的效果。

最后再让孩子试着讲一遍故事,可以不时提问一些关于细节的问题。你看,这样问题就完美解决了。

**小结**

☒ 误区

记不住故事细节,就是逻辑思维差。

☑ 解决

引导孩子熟悉故事大框架,注重故事中的因果关系,再去记其中的细节。

## 第十二节
## 太贪玩的孩子,学习成绩怎么能好?

会玩的孩子更聪明!

什么?有的家长会质疑,孩子老玩的话,哪还有心思学习。

乐乐的妈妈就有这样的担忧。乐乐今年4岁了,平时孩子一出去玩,就不肯回家,不管玩多长时间,总是玩不够,每次都要把他硬拉回家。妈妈担心孩子这么贪玩,在学习上就不用心了,将来能有出息吗?

孩子贪玩不等于也不代表将来就没有出息。其实对于3~6岁的孩子来说,他们的学习往往是在游戏玩耍中进行的,要是让孩子一本正经、规规矩矩地坐在小桌子前学习,才有可能真的违反了孩子的天性,结果会适得其反。

许多名人在童年也相当贪玩,比如爱迪生、达尔文,他们小时候都非常爱玩。玩或不玩，并不能代表将来有没有出息，关键是看怎么玩，会玩也是一种智慧！

玩是有很多思考在里面的，我们常说"玩中学"就是这个意思。有个小女孩特别喜欢玩积木，通常一个人就能安静地玩半天。有一次我观察她是怎么玩的，发现这个小女孩很会讲故事，她边摆着积木边自言自语地讲着其中的故事。她摆的积木随着故事的发展也在随时改变着造型，积木完全跟着故事在互动。

我要告诉家长的是，孩子贪玩没有错，玩是孩子成长的必修课。让孩子会玩才是我们家长应该关注的。

爸爸妈妈要积极鼓励孩子大胆进行探索性的玩耍。怎么积极鼓励呢？就是要给孩子创造条件，必要时，父母一同参与到孩子的游戏中。什么是探索性玩耍？就是让孩子玩出新花样，尝试各种各样不同的玩法。

孩子越爱玩、敢玩、会玩，才越有创新思维。通过玩，孩子找到了兴趣和快乐；通过玩，孩子的耐心和注意力得到了训练；通过玩，孩子的空间感、平衡力、观察力、创造力等智能得到了锻炼；通过玩，孩子学会了和小伙伴相处的秘密。孩子越会玩，才越能才思敏捷、活泼机灵，这样的孩子才会越来越聪明。反之，不会玩的孩子不可能是聪明的孩子。

那对于孩子的玩耍,父母要怎么做呢?

第一,与孩子同玩。孩子在家的时候,父母应当尽可能抽出一人和孩子交流、玩耍,并且在玩耍的同时适当教育孩子。

第二,玩学结合。父母要注意孩子玩的质量,就是如上所说的鼓励孩子探索性玩耍。

第三,与孩子一起总结玩耍中的收获与不足,适当给孩子提一些宝贵意见,让孩子在玩耍中做有心人。

第四,在玩中要引导孩子努力赢,但也要勇敢接受输。对于输赢的观念,不能只想赢却输不起,因此在玩中进行品德教育的引导,对孩子的一生很重要。

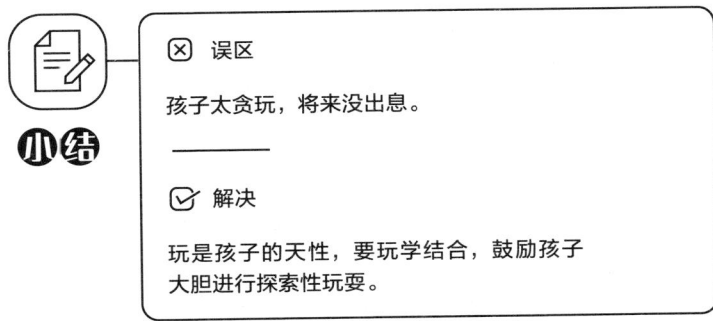

**小结**

⊠ 误区

孩子太贪玩,将来没出息。

☑ 解决

玩是孩子的天性,要玩学结合,鼓励孩子大胆进行探索性玩耍。

# 第三章

## 思维是一切思考之本,要注重培养孩子的思维

## 第一节

## 计数能力——三步法,孩子有实践才真正问不倒

孩子到了一两岁的时候,差不多会说话了,家长就会急着让孩子学数数,而且往往在孩子能数到 10 或 20 的时候,就开始大赞自己的宝贝聪明。其实这个时候,孩子的数数,只是凭借死板的记忆背出来的,并不能理解数字所代表的意义。

**要想学得会,需要闯三关**

怎么让孩子理解数字所代表的意义呢?这就是计数能力的培养了,看似简单,对于孩子来说,若没有经过生活实践,理解起来还是相当困难。

孩子要真正学会数数,是有规律的,一般要经历三个阶段:

首先，能手口一致地数数。比如数自己的手指，数一下点一下；或者让孩子数玩具，数的时候，说出的数字与指着的玩具要一致才行。

其次，能够按数取物。比如让孩子拿三块积木，或者拿两根香蕉，看孩子是不是能拿准，这个就叫按数取物。

最后，能说出总数。即孩子数完后能告诉你，这里一共有几个。孩子能够明白数完后最后一个数字，就代表这些物品的总和。

**不同年龄，如何进行针对性的启蒙？**

这三个阶段是逐步发展的，对于不同年龄阶段的孩子，在生活中有大量的场景和物品可以启蒙孩子。

对于2~3岁的孩子，他们对于计数的经验都来自生活，家长可以这样做：

如上楼梯的时候带着宝宝一边上一边数，数到5或数到10就好；

在分糖果的时候可以提醒他们一个小朋友一块糖果，该如何分；

再问一问如果一个人分两块应该怎么分；

在户外玩的时候可以邀请宝宝一起捡树叶，边捡边数……

以上这些小活动，不仅可以培养孩子的数感，还可以帮助孩子，通过自己的体验，理解这些数字的意义，此时的数数，并不是简单地复述和背诵。

在进行生活中的数学游戏时，刚开始数的时候尽量让孩子能自己触摸到物体，摸一个数一个，同时按顺序大声说出数字。因为这也遵循皮亚杰的动作发展规律，从动作思维，逐渐上升到具体形象思维的过程。

一般4~5岁的孩子，基本都能数出10以内物体的总数了，此时也能手口一致地点数并且说出总数，这就标志着他们已经开始理解数的意义了。

这个时候可以引导孩子，如何运用数数的策略，来解决在生活中会遇到的问题。比如：

开饭的时候让孩子数一数今天家里几口人，妈妈需要盛几碗饭；

帮助其他小朋友数一数拍了几下皮球，比一比两个人谁拍得比较多；

或者逛超市的时候让宝贝帮忙挑选几个苹果、几个橘子等。

在孩子数了一遍之后不要急于给出对或错的答案，可以多问一问孩子确定是这个答案吗？如果从这边开始数呢，答案一样吗？……

要慢慢关注孩子是否出现漏数、跳数、重复数等错误，以及数过之后报出的总数与数的最后一个数字是否能对应。

5~6岁的孩子，计数能力已经比较熟练了，他们不仅可以运用多种方式数数，还可以接着数、倒着数等。这个时候可以引导孩子运用计数去解决更多的生活问题，比如：

问孩子"你现在有五片树叶，如果再给你四片树叶，你一共有多少树叶？"；

让孩子来数一数，爸爸妈妈谁的书比较多，引导孩子进行比较；

购物时鼓励孩子跟爸爸妈妈一起讨论家里都缺少哪些物品，每种物品缺多少，请孩子用数字记录在购物单上，帮助孩子理解数字代表的数量……

此时孩子已经理解数具有抽象的性质，他们可以不依靠手指点数或一一对应就可以进行数数了。甚至有些孩子会群数，比如两个两个数是2、4、6、8；三个三个数是3、6、9、12。通过这一方式可以锻炼和扩展孩子对数的抽象理解能力。

## 第二节
## 计算能力——巧妙变题型，启蒙思维更全面

我见过很多家长，特别喜欢问孩子"3加4等于几呀？2加7等于几呀？"这类10以内的加减法。若孩子说对了，就夸夸孩子"你真聪明"；若孩子说错了，又会带着指责的语气说"这都不会"。

作为孩子，他的内心很有可能是崩溃的，"怎么天天考我这些口算？不能再记错了"，于是孩子可能在父母的压迫下，只能死记硬背这些加减法，直到熟记于心。

似乎对家长来说，孩子能说对答案，就说明孩子很聪明。这类计算题是否能启蒙孩子的思维，他们是不关注的，也可能是不知道如何在计算题中启蒙孩子的思维。我来告诉大家，你只需要换个问法，就可以轻松启蒙孩子的各项思维能力。

首先我们以 3+4 等于几这类题为例，其实这是一个封闭式的问题，孩子只能回答等于 7 或等于其他数字。我们不如换成开放式的问题，你可以这么问：几加几等于 7，请问有几种答案？

这样问以后，孩子可能就会说出很多答案，比如 2+5=7、3+4=7、1+6=7 等等，答案固定了，组成答案的数字就变得多元了。你看，同样的题，换了个问法，这个过程中就会启发孩子的多元思维。

这道题还可以这么问："怎么能回答得快一点，还不漏掉答案呢？"让孩子自己思考一会儿，引导孩子发现挨着顺序说，比如 1+6、2+5、3+4、4+3……这样能更快，并且还不漏掉任何一个答案。在这个过程中，其实我们是在培养孩子的有序思维。

这道题还可以继续延伸，比如我们进一步问孩子："为什么第一个是 1+6、第二个是 2+5 呀？"孩子可能会说，因为 2 比 1 多了一个，所以后面的那个 5 就要比 6 少一个。如果第一个数字变成 2，后面的数不变，还是 6 的话，那加起来就是 8 了。这样的思考过程对孩子来说非常有益，也是在锻炼孩子的互补思维。当然如果孩子表达不出来，家长可以适当引导。

你看，仅仅将 3+4 等于几改成几加几等于 7，就可以启蒙孩子很多维度的思考。我再给大家出一个题，从数的分解与组合角度我们来分析一下：

问孩子：8 可以分成几和几？鼓励孩子多分，只要总数是 8 就可以。

如果孩子说 8 能分成 3 和 5，这是第一层，初步的计算能力。

鼓励孩子继续想，是否还有其他答案。如果孩子说，还能分成 2 和 6、1 和 7 等等，这就是在训练孩子的发散思维。

如果进一步问：请比较一下这些分法，有什么不同呢？孩子可能会说，"分成 4 和 4，这两个数相同，其他都是一边多一边少"。

从数的分解与组合角度，让孩子多发散、多比较，学会在思考中思考，这就是对孩子思维的启蒙。

数学思维的启蒙，是非常有意思的，当然也需要家长多用智慧。我们仅仅是将题型变换一下，就训练到了孩子的多元思维、有序思维和互补思维。若仅仅是让孩子做计算、学加减，往往很多时候孩子只会死记硬背，反而放弃了主动思考。

## 第三节
## 比较能力——反过来再比一下，孩子才真正会比较

不管是大人还是小孩，大家在生活中经常都会比较。

最经典的莫过于家长老拿自家孩子和别人家孩子比较，"你看人家的孩子多听话""某某小朋友，比你有礼貌"，这种比较通常让孩子很苦恼，但也确实是生活中经常发生的。当然我们都知道，家长应该多让孩子自己和自己比，重点是能看到孩子的进步。

而对于孩子来说，比较也无处不在。比如"我比你高""我的衣服比你的漂亮""我的玩具没有他的多，妈妈再给我买点"……

思维的过程是分类、比较、分析、综合、概括等，比较

是思维中很重要的一步。生活中很多时候涉及的都是两个量的比较，家长要引导孩子注意观察，然后比大小、比多少、比高低、比远近等等。只是在比较的过程中，我建议家长多说一句："他比你高，那反过来，你比他怎么样呢？"别看仅仅多了这一句，就能培养孩子的可逆性思维。当然可逆性思维的发展基础，还是要让孩子将分类和排序学好。

除了关注两个量的比较外，根据孩子的认知水平，家长可以有意识地引导孩子进行三个量的比较，这对于孩子思维的发展更有利。因为皮亚杰说，孩子从绝对性思维到相对性思维，是一个质的变化。

三个量的比较，跟相对性思维有什么关系呢？我们举个例子来看：

比如：妈妈在家和孩子比谁高谁矮。妈妈说："我比你高，你比我矮，如果再加入姚明大哥哥，现在谁高谁矮呢？"孩子会说："妈妈，你比我高，但妈妈你又比姚明大哥哥矮。"

妈妈可以引导说："我还是我，为什么你一会儿说我高，一会儿说我矮呢？"孩子可能会说："比的人不同呀。"当然孩子并不会说你相对姚明来说是矮的，孩子不会说"相对"，我们大人也不用跟孩子说"相对"这个词，因为对于6岁前的孩子来说，我们强调的所有思维的培养都是启蒙的，让他有点感觉就可以了。所以我们引导的问题"妈妈没有变，为什么你一会儿说我高，一会儿又说我矮"就会让孩子模模糊糊有相对谁来说的感知了。这个就是在培养孩子的相对性思维，这种思维在孩子一生中都会非常有用。

## 第四节
## 分类能力——让生活井然有序，分类是基础

我先给大家讲一个例子，这个例子，我相信在很多家庭中都会发生。

有的孩子玩具特别多，但不爱收拾，每次玩后都将所有玩具堆到一起，等到想找自己喜欢的玩具时，总要费半天劲儿；包括有些妈妈也是，将孩子各个季节的衣服都混放，常穿的和不常穿的也都堆到一起，如果哪天有事着急带孩子出门，又找不到想要穿的衣服，非常耽误时间。

为什么讲这样的例子，其实这都是跟分类能力有关系。若是能从小让孩子对物品分类有概念，就会避免上述的问题。

### 分类的发展规律

怎么在家庭中有意识地培养孩子的分类能力呢?别急,先来看看分类能力的一般发展规律。

这个发展规律是,随着孩子年龄的增大,分类的标准从外到内,从简单到复杂。怎么理解这句话呢?

"从外到内"指的是,孩子分类的标准,最开始是按照外在可观察到比较明显的特点来进行分类的,比如按颜色分类、按大小分类、按形状分类等。随着年龄的发展,可以逐渐按照物品内在的特点进行分类,比如按用途分类、按类属关系分类(都是动物、都是水果)等。

"从简单到复杂"指的是,孩子先从一个维度标准进行分类,慢慢发展成按两个维度和多个维度标准进行分类。如让孩子找出又大又红的积木,这就是从颜色上找出红色的,还要从大小上找出大个的,两个标准合在一起。

### 家庭中的训练方法

那怎么在家庭中培养分类能力呢?以下三个步骤,可以循序渐进地进行。

第一,从配对练习开始,让孩子观察家庭中的牙刷和杯子、筷子和碗、锅盖和锅、被子和枕头、上衣和裤子等等。父母可以给孩子呈现很多东西，然后让孩子分成一堆一堆的，等孩子分完后，问问他为什么这么分，孩子此时可能就会说"这些是画画用的，这些是吃饭用的，这些是洗脸用的"等等。

第二，善用积木，不给孩子分类标准，让孩子自己尝试分类。比如孩子分完了，我们问他："你怎么分的呢？"他说"这些都是方形，这些都是圆形"，孩子还可能说"这些都是红色，这些都是黄色"等。让孩子说出分类标准是很重要的，若是孩子说不出来，家长再帮忙引导。

第三，爸爸妈妈可以给出一些标准，根据孩子情况，可以让他按一个维度分类，也可以按两个维度分类，比如让孩子找出"又是红色的又是大的"积木。孩子有可能找的都是大的，但颜色有红色的、绿色的，有各种各样的，这时需要父母进一步引导，可以跟他说："你找的大的，这些都对了，但是我要的是红色的，请你再仔细找找。"在游戏中就能很好地训练孩子的分类能力了。

**家庭小作业**

学完这节后，给爸爸妈妈们留一个小任务：你可以将一堆玩具给孩子，然后启发他："请你将这些玩具整理一下吧。"

给孩子准备好玩具盒,让他自己分。关键是孩子分完后一定要问孩子为什么这么分。孩子说完以后家长一定要总结一下,告诉孩子:"看来你是按照……来分的。"让孩子知道分类的标准。分完以后,还可以引导孩子:"你还有其他方法来分吗?"让孩子知道分类是多元的。

除了用玩具来分类外,家长还可以和孩子一起自制道具,剪一些不同形状的图形,图形的大小、颜色都可以根据需要来制作,让孩子用来学分类。

## 第五节
# 推理能力——聪明的孩子善于发现线索和规律

生活中很多事情都不是一下子就发生的,而是会先有一些预兆或线索,很多时候我们都是通过经验来决定究竟如何做,比如出门要不要带伞?我们会根据天色变化、温度差异、风力强度等线索,感觉马上要下雨了,就会及时准备好雨伞。

而孩子在日常生活中也会做各种朴素的推理。比如孩子在日历上看到周末两天就是红色,到了这两天,爸爸妈妈就能带着他出去玩。所以有的小孩为了提前过周末,会把前面5张日历都撕掉,以为这样周末就提前到了,这是孩子很天真的做法,但也说明他具备了初步的推理能力。

推理的基础是观察和发现规律,而推理的目的是解决问题。

那在家庭中，怎样有意识、有目的地培养孩子的推理能力呢？推理能力的培养，需要以下三个步骤：

第一步：观察是推理能力的基础，因此要训练孩子的观察能力；

第二步：在观察中让孩子发现规律，可以从具象的实物慢慢过渡到抽象的数字或文字；

第三步：利用发现的规律去解决问题。

**如何引导孩子观察，又该观察什么呢？**

一、带着孩子在大自然中练习观察：

首先根据孩子的兴趣，激励他观察，比如去海边、博物馆、游乐场等，去一些孩子感兴趣的地方观察。其次观察时要引导孩子有次序地、全面地观察。观察需要孩子的专注和耐心，要慢慢来，不能太跳跃。最后父母还可以有目的地让孩子带着问题去观察，这样他会更仔细认真地观察，从而认识这个物体。

二、通过游戏来训练孩子的观察：

比如"找不同"的游戏，就是一个很好的训练方式。家长可以提问："这两张图你能找出不同吗？"在这种问法下，孩子可能可以把显眼的几处不同都找出来,但一些细节观察不到,就找不出不同。此时,可以多给孩子一些时间,或者提示一下大约在什么位置还存在不同。也可以换个问法:"这两张图有六处不同,你能都找出来吗?"这种把结果提前告诉孩子的方式,会让他更仔细地去找,并且他会时时核对有没有找全。如果孩子找不到,父母还可以引导:"你可以从上到下或从左到右一点一点来对比着找。"

**在观察中发现规律。**

很多时候,生活中并没有那么多刻意让孩子练习的规律,所以家长可以通过做游戏或活动的方式,给孩子准备好适合他水平的规律,让孩子来发现规律,并根据规律知道接下来该怎么办。举例来说:

用家里的一些玩具摆出一些规律,比如:红色小汽车、黄色小汽车、红色小汽车、黄色小汽车、红色小汽车……问孩子下一个该摆什么了,这是让孩子找出实物间的规律。

再比如,用不同形状的积木摆出简单的规律:方块、三角、圆、方块、三角、圆、方块……接下来该摆什么形状呢?让孩子往后摆。

接下来上升到抽象的数字规律，可以写出来，如23、24、25、26……或者1、3、5、1、3、5、1……让孩子填充后面的数字。

在这个过程中，切记对不同年龄的孩子，要慢慢从具体实物过渡到抽象数字，难度也要一点一点升级。

**用发现的规律去推理，去解决问题。**

我们发现规律的目的是解决问题。比如孩子每周三幼儿园里会有舞蹈类的课程，孩子提前一天晚上就会自己准备跳舞用的衣服或鞋子，或提醒妈妈帮自己准备。他通过每个周三都要上这个课，发现了这个规律，就会用这个规律来解决问题。

再比如让孩子玩磁力钓鱼的小游戏，孩子在钓鱼的过程中，他知道不能等鱼到了后再下钩，而是要鱼快到时就准备好。孩子通过多次玩，不停地观察和推理，会估计一下大致时间，比如每次数三下，正好鱼过来了，然后再下钩钓鱼。你看，这些简单的游戏都在锻炼孩子的推理能力。

## 第六节

## 解决问题——考100分并不是衡量孩子能力的标准

在幼儿园经常会看到这样的现象:老师让孩子们读一本绘本,读完后请小朋友们用自己的话讲给大家听。

有的小孩拿起绘本就开始胡乱翻;有的小孩会一页页看,甚至看完后还能翻回去再看几眼。结果可想而知,第二类小孩会把绘本故事讲得更好,为什么?因为他们面对的问题是相同的,就是把看到的故事用自己的话讲出来,但两类小孩用于解决问题的方法不同。第二类小孩是怎么解决这个问题的呢?他们仔细地看,并且怕自己忘了,还会翻回去再看,用以加强记忆,他们运用了这些策略来解决问题,因此故事也会讲得更好。

通过这个例子,可以看出解决问题才是衡量一个孩子能力的标准。

孩子的学习水平，第一步是记忆，也就是能记住一些细节信息等；第二步是理解，能领会这些信息是什么意思；第三步是应用，能将这些知识运用起来；第四步是分析，能找出信息之间的相关性；第五步是评价，也就是能根据这些信息做出自己的价值判断；第六步即最后一步是解决问题，因为学习的所有内容最后都是为了解决自己所遇到的各种问题。

所以我们评价一个孩子能力强不强，标准不是看他考了100分，还是90分，而是看他能不能解决问题，尤其是实际生活中的问题。对于小孩来说，家长可以从日常生活中的一些简单问题入手，来初步训练他解决问题的能力，这个过程中要适当给孩子一些解决问题的方法或策略等提示。

**解决问题是为了将学到的知识转化为智慧**

比如有的妈妈和孩子沟通很困难，于是买了一些与亲子沟通相关的书籍，但读了好几本，好像还是不会和孩子进行有效的沟通。这样的家长有了跟孩子沟通的知识，但还没有跟孩子沟通的智慧或能力。说明他们看完了这些书，并没有学会运用到孩子的教育上去。

那在家庭当中，怎么有意识地培养孩子解决问题的能力呢?这里我给大家从三个维度来举一些例子:培养孩子解决事的问题;培养孩子解决人的问题;如何让孩子解决一些数跟形的问题。

**解决事的问题**

在日常生活中,家长可以多给孩子提一些问题或制造一些问题,鼓励孩子来解决。

比如我们房间里空气不太好,怎么办呢?让孩子自己想想办法。可能他会说"咱们打开窗户多透透气吧"或者"可以往房间里多放几盆花,花有香气",不管孩子说了什么方法,这些方法是否真的有用,你都尽可能地去鼓励和表扬孩子,让他想出所有他能想到的方法。

生活中这些问题太多了,比如给孩子8块糖,让他分给两个小朋友,问问孩子:"你会怎么分呢?"孩子并不会说,8除2等于4,但他会这样分:你一块,我一块,你一块,我一块……一会儿就分完了。

当然,需要注意的一点是:尽量提一些日常生活中简单的问题,在孩子力所能及的范围内。若是问题比较复杂,家长可以适当给一些引导。

### 解决人的问题

我们会发现这个年龄段的孩子,通常有很多问题是与小伙伴在一起玩时产生的。比如最常见的就是孩子之间争抢玩具,如果两个孩子各有一个玩具,但都想玩对方的玩具,往往会争抢打闹。这时,你可以把自己孩子拉到一边,引导他:"你们一直争抢并不能解决问题,你好好想想,还有其他办法吗?"如果两个孩子只有一个玩具,在争抢时,家长可以把这个玩具先收回去,然后让孩子自己商量出一个办法,能够让俩人都开心玩的办法。

通常家长只需要介入一点点,引导孩子自己去想解决问题的方法就够了。一般孩子们都能想出办法的,比如俩人交换玩玩具,这也是孩子学会分享的雏形;比如俩人轮流玩玩具,从商量中发展孩子的社交能力,最后也解决了问题。

### 解决数形结合的问题

怎么培养孩子解决数形结合的问题呢?比如秋天的时候,让孩子去小区里捡树叶玩,捡完后,抛出一个问题:"你捡了几种树叶?"孩子可能会将树叶分一分,在地上一堆一堆摆好,等摆好后,他会告诉你一共捡了几种树叶。

这时你再抛出第二个问题："我怎么知道哪个多哪个少呢？"孩子就会开始数数了，数完后能说出每种树叶的数量。

这时你可以继续问："能不能一眼就看出哪个多哪个少？"或者："你能不能不用数的办法，想出别的办法，让我一眼就看出哪个多哪个少呀？"

先让孩子自己想办法，若是想不出来，家长可以引导他将叶子一片挨着一片摆放，比如这边有六片叶子，这边有三片叶子，有长的和短的，我们给它描一描。然后在叶子外面画上框，这样就形成了直方图。这时家长再把叶子拿开，在直方图旁边写上六片树叶、三片树叶，然后告诉孩子："你看这样多好，一看就知道了，又简单又方便。"

这实际上就是对统计图的一个感性认识，这样的做法就是在培养孩子解决数形结合和转化的问题。

解决问题是对孩子学习的最基本的要求，也是学习能力高低的指标。培养孩子解决问题的能力，要多启发孩子思考：我解决的问题是什么？要解决这个问题，我有什么办法？这些办法我是否能做到？从生活问题入手，孩子更能发散他的思维，找到合适的解决方法。

## 第七节
## 创新能力——请常对孩子说"然后呢？还有呢？"

孩子来到这个世界，是带着先天的求知欲望的，反映在行为上就是好问。你会发现3岁的孩子，天天问妈妈"为什么"，你都好奇他的脑袋里怎么有那么多"为什么"。

是的，这种好问就是好奇心，就是孩子创造力的开始。好奇心反映出来就是孩子越小越能提问题，提问题是培养孩子创新能力的第一步。3~6岁这个阶段刚好是培养孩子创新能力的敏感期。

创新能力是孩子未来的核心竞争力之一。因为不管是国际竞争也好，还是企业竞争也好，都是以创新为标准的，每个国家的核心素养都是把创新能力放在一个很重要的地位。另外联合国教科文组织对未来人才的培养中,第一条就是批判性思维,而批判性思维也是创新能力的一个基础。

怎么在家庭中培养孩子的创新能力呢?说起来容易,做起来却难。

我在公交车上碰见过一位年轻的妈妈带着孩子,她的孩子很爱问问题,先是问了一个问题:"妈妈这是什么呀?"妈妈说:"这是工地上的吊车。"过了一会儿,孩子又问:"妈妈,这个老爷爷在干什么呀?"妈妈说:"打太极拳。"这两个问题妈妈都回答孩子了,可是当孩子问到第三个问题时,这个妈妈说了两句话:第一,"你有完没完"。第二,"你累不累"。然后就不再回答孩子的任何问题了。

这个妈妈对待对孩子先天的好问行为,并不是满腔热情,而是不耐烦地进行压制。

那么,我们应该如何培养孩子的创新能力呢?

首先,保护和珍惜孩子先天的问题意识和好问行为。

其次,我们可以从思维的角度,培养孩子的发散思维、求异思维和批判性思维。

这些思维是培养孩子创新能力的基础。比如我们常说"可爱的小白兔",可以问问孩子:"除了用'可爱的'来描述小白兔,还可以说什么样的小白兔呢?""美丽的小白兔、调皮的小白兔、不听话的小白兔、我喜欢的小白兔……"孩子其实可以说出很多的。尤其孩子在 4 岁时,是形容词敏感期,这个时候多鼓励孩子做这样的发散练习,既能让孩子掌握更多的形容词,也培养了孩子的发散思维。

求异思维对孩子来说,也是孩子的一种天性,因为孩子不喜欢和别人一样。我们大人就要给孩子创造这样的机会。

比如妈妈拿来 8 根香蕉,说:"把 8 根香蕉分一分,每个盘子里放的一样多,请问该怎么分呢?"

妈妈自己的方法是,将香蕉放到 2 个盘子里,每个盘子里放了 4 根,刚好等分。问问孩子:"你会怎么分呢?要跟妈妈分的不一样。"孩子可能会拿 4 个盘子,然后每个盘子里放 2 根香蕉。也可能拿 8 个盘子,每个盘子里放 1 根香蕉。你看,日常生活中,要给孩子机会求不一样,才能培养他的求异思维。

批判性思维,最明显的两个特点就是质疑和批判。批判性思维的培养,就是在日常生活中,家长可以故意说一些带有漏洞的观点或故事,引发孩子质疑,鼓励他提出自己的问题。

比如可以给孩子创造一些情景,大公鸡在草地上吃东西,突然来了一只狗,吓得大公鸡飞到天上去了。孩子可能就会说:"妈妈,你说得不对,大公鸡不会飞,鸟才会飞。"

最后,多让孩子做一些与创新相关的练习。

比如我们可以与孩子一起画画,在纸上画很多很多圆,大小不同,把这些圆剪下来,然后跟孩子说:"这一个个圆,你能不能用其中几个拼出生活中的什么东西?比如妈妈用两个圆,中间画一条线,两边再画两个眼镜腿,就拼成一副眼镜了。你呢?"

再比如在和孩子一起读绘本时,让孩子改编结尾:"如果没有发生这件事,最后结局会怎么样呢?"或者只让孩子看着图书封面和标题,来猜想里面会讲一个什么样的故事呢。

又比如当妈妈包饺子或做面包时,孩子一看到面团就想玩儿,这时也别限制孩子,就给他一些面团,让他随便去搞创造。我们往往会发现,孩子做出来的东西特别有创造性。

## 第八节

## 逻辑思维——简单的"因为……所以……"让孩子越来越有条理

一位妈妈曾向我咨询：我的儿子豆豆已经4岁了，说话总是词不达意，前言不搭后语，一会儿说东一会儿说西，听起来有些费劲儿！尤其是在我给他讲故事的时候，他也不好好听，老是问一些莫名其妙的问题岔开话题，结果故事讲得乱七八糟。我引导豆豆跟着我的思路走，他不听，可是他又表达不清楚自己的想法，这可怎么办？

这位妈妈咨询的问题，其实很多孩子都会出现，在孩子学习说话时，还不会正确表达自己，就会出现这种逻辑表达混乱的情况。

简单来说，逻辑思维就是说话、做事有根有据、有条有理。

要训练孩子的逻辑思维能力，最简单的方法就是让孩子多使用"因为……所以……"这样的因果关联词。

比如"妈妈我饿了，所以我想吃东西"，让孩子将每一样要做的事情都说出原因。再比如"妈妈今天菜做得太咸了"，这是个结果，如果我们要培养孩子的逻辑思维，可以问问他："为什么今天菜这么咸呀？"孩子就会说："因为今天妈妈盐放太多了，所以菜才咸了。"在生活当中，往往我们做的事情都是一个个结果，但是我们要引导孩子把原因找出来并表达出来。

"因为饿了，所以我要吃""因为天冷了，所以我要多穿点衣服""这个菜咸了，是因为盐放多了"……

另外我们也可以用亲子游戏的方式，和孩子比赛。比如妈妈说因为，孩子说所以；或者孩子说因为，妈妈说所以。用对话的方式，看看谁对得好，像这些活动孩子都是很喜欢的。而多做这样的因果关联词练习，不管是思考问题还是以后语言表达或写作文，都是让孩子能够条理清楚的一个基础。

当然，我们也可以利用绘本，这个年龄段的孩子非常喜欢看绘本。在读绘本的过程中，我们可以多问"为什么"，让孩子说出原因，然后将整个故事用因果的大关系串起来，也更便于孩子理解故事的框架。

最后再给大家一个建议,可以在家中举办小小记者的活动。孩子很喜欢当小记者,那就给他挂个牌,让孩子去采访大人,问问题。比如"现在是大熊猫电台,你是我们大熊猫电台的小记者,这次的任务是采访大熊猫"。孩子开始扮演小记者,爸爸或妈妈扮演大熊猫,让孩子进行采访。要采访,孩子就要问各种问题,比如"大熊猫你喜欢什么呀?""你为什么喜欢吃竹子呀?""你为什么身上只有黑色和白色呀?"……孩子问了很多为什么,作为熊猫的扮演者,可以回答"因为……所以……",还可以反过来问孩子:"你喜欢什么?你为什么喜欢呀?"多与孩子互动,在活动中就培养了孩子的逻辑思维,孩子是很开心的。

那么逻辑思维什么时候培养更好呢?

2岁还是5岁,7岁还是8岁?逻辑思维的培养,最好的年龄阶段应该是三四岁的时候,因为逻辑思维的发展跟语言发展关系密切,所以孩子语言发展最快速的阶段,也应该是我们逻辑思维培养最好的阶段。

 张梅玲教授如是说

### 趣味实验

我们曾经做过一个跨文化的实验研究：对比了美国小孩、日本小孩、德国小孩，还有中国的小孩，看看孩子们在哪个年龄段语言发展最快。研究的结果显示，不管是日本的、德国的、美国的，还是中国的孩子，都体现了一个共同的特点：在3—4岁阶段语言发展最快，词汇量增加也最多。

语言的发展为思维提供了基础条件，所以从3岁开始，多刺激孩子的语言表达，也要开始启蒙孩子的逻辑思维。

## 第九节
## 空间思维——多搭积木能提升数学成绩？

积木是世界上经典的玩具，几乎每个孩子都玩过并拥有属于自己的积木。不管是用积木叠高高还是搭建城堡，不得不说，积木是锻炼孩子空间思维的最好工具。

那什么是空间思维呢？生活中孩子触手可及的物体的大小形状，可观察到的相对位置、远近方位等，都是空间思维。

研究表明，空间思维培养的黄金时期是学龄前和小学低年级，这时孩子大脑的可塑性最强。那怎么在家庭中培养孩子的空间思维呢？给大家几个小妙招：

第一，和孩子交谈时多用空间语言。

试一试把"玩具熊在这里，小汽车在那里"换成"玩具熊在沙发左边，小汽车在电视柜中间一层"，同时也鼓励孩子学用这样的方位词描述他眼中看到的事物。

第二，鼓励孩子在表达时多加入手势。

手势与空间思维密切相关，它能加强孩子对空间信息的关注。有研究表明，当孩子用手势指导物体的移动时，他们的空间思维能力会得到提高。

第三，鼓励孩子用积木来讲故事。

孩子很喜欢玩积木，他需要有更多创造性的、能自由发挥想象力的积木游戏，家长可以这样引导：请孩子用积木建造很多的空间场景，例如超市、商场、学校、医院、机场……然后为我们讲讲在这些空间场景中都发生了些什么故事。

第四，善用家庭中的各类盒子。

将一些废弃不用的盒子，比如牙膏盒、包装盒、快递盒等给孩子玩。把立体的盒子拆解成平面的，再将平面的折叠成立体的，这样的过程，可以很好地锻炼孩子的空间思维。当然这些盒子相对来说比较简单，家长还可以根据孩子的水平，适当让孩子尝试一些纸模的制作。

第五，教孩子认地图、画地图。

学会认地图和画地图，是非常好的培养空间思维的小方法。尤其对于还不会认字、写字的小宝宝，可以拿着简单的地图让孩子认识上面的路线，以及出现的物体等。还可以和他一起"画"地图，画什么呢？当然是从孩子最熟悉的地方，比如客厅、卧室、小区等入手。比如房间里的布局怎么画，去门口超市的路线怎么画，等等。

第六，也是最有趣的一个方法，爸爸妈妈可以和孩子玩"藏宝游戏"。

把孩子喜欢的零食、玩具等，藏在某一个地方，再给他画一幅藏宝图，让孩子根据藏宝图来找宝贝。在寻找的过程中，孩子需要不断地思考各种物品的形状和方位，并把它们和地图对应起来。这能很好地锻炼孩子的空间思维。

 **张梅玲教授如是说**

## 趣味实验

美国宾夕法尼亚州立大学地理学院院长罗格·道斯说:"如果不对空间思维加以重视,将无法培养出21世纪会学习、懂生活的年轻一代。"

美国国家儿童健康研究所也曾针对低龄孩子(幼小阶段)做过一项研究,结果表明改善空间思维可以迅速提高孩子的数学技能。

在这个项目中,孩子被随机分配到两个实验组:第一个小组,老师带孩子做很多空间构建类的练习,比如搭积木、画地图、玩图形拼摆类的桌游等;另一个小组则没有进行空间思维类型的课程。整个实验过程中两组的老师都没有教任何数学知识。

7个月后,测试发现第一组儿童的数学成绩有显著提高,而另一组孩子则表现平平。

# 第四章

## 家庭游戏篇

# 第一节
## 计数能力——电梯里的数字先生

**游戏道具**：电梯

**游戏场景**：外出或回家与孩子一起乘坐电梯

**培养目标**：比较能力、计数能力

**操作难度**：★☆☆☆☆

**趣味指数**：★★★☆☆

平时带孩子坐电梯时可以玩的一个游戏。

在等待电梯的过程中，可以与孩子玩"猜猜谁先来"，让孩子先猜，等他说完后，要问问他猜的理由，引导孩子根据电梯上显示的楼层数，以及下降或上升的快慢速度，来综合判断哪部电梯先来。

在电梯里让孩子主动按对应楼层的数字按钮，并适当询问："如果要去楼上张奶奶家，应该按哪层？""张奶奶家比我们家多几层？""我们要往上还是往下？""你的好朋友明明住在哪层？""我们住10层，明明住5层，那么他比我们低了几层呢？"帮孩子认识电梯里的数字，让孩子指出对应的数字按钮，并能学会数的比较。

 配图

1."宝贝，你猜哪部电梯先来？我们比赛吧，看谁能猜对，你先猜。"

2."你又猜对了，请问你是怎么猜的？告诉爸爸妈妈秘诀吧。"引导孩子说出猜测的理由或线索。

3. 进入电梯后，

让孩子来按楼层按钮。按完后,可以带孩子认识一下电梯里的数字:"我们一起来数数这些数字吧。"带着孩子边指数字边数数。

4."让我来考考你,如果要去张奶奶家,要按哪个数字按钮?""我们家住10层,要去5层,那应该是往下还是往上?"通过问题引导,让孩子建立数字与楼层之间的对应关系。

这个游戏非常简单,生活中的数学无处不在,电梯就是个能非常有效地培养孩子数字认知的场所。让孩子数数、认数字、比数字大小,都可以在电梯里完成。所以只要出行时碰到电梯了,就陪孩子一起玩会儿吧。

## 第二节
## 计数、比较能力——一爬一拱的毛毛虫

游戏道具：彩纸、画笔、剪刀、胶棒

游戏场景：家庭中

培养目标：计数能力、比较能力、计算能力

操作难度：★★★☆☆

趣味指数：★★★★☆

与孩子一起做手工，准备浅绿色和深绿色的彩纸，剪成大小一致的圆圈。若没有彩纸也可以用白纸，剪完后可以用彩笔涂色。带着宝宝一起做，每人做一条自己的毛毛虫，选中一个圆圈当毛毛虫的头部，给它画上眼睛和嘴巴。然后用其他深绿、浅绿的圆圈按顺序粘贴成毛毛虫的身体。

大家都粘完后,让孩子数数,每个人的毛毛虫分别有几节身体。再比比长短,把毛毛虫的头对齐,看谁的长,长出几节身体。

还可以根据孩子的水平,引入加减法概念,比如长的毛毛虫(8节)比短的毛毛虫(6节)多了2节,用数字表示8-6=2。

 **配图**

1. 与孩子一起动手制作毛毛虫。

2. "数一数,每个人分别给毛毛虫粘了几节身体。"

3. "咱们来比一比,看谁的毛毛虫长,谁的毛毛虫短。"比较时注意将毛毛虫头部位置对齐,引导孩子进行比较,初步了解测量。

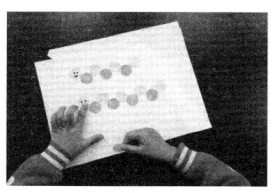

4. 在进行比较后,长了几节、短了几节,用加减法表示。将数字和加减符号写下来,根据每一次比较,写出算式,让孩子了解。

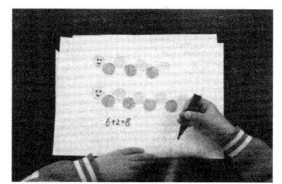

 **育儿专家说**

学会对事物进行比较，能让孩子观察到事物间的共同点和不同点，除了比较数字、数量外，还可以引导孩子比较形状、空间等各种可以观察到的特点，如颜色深浅、形状大小、距离远近等。这个游戏很适合全家人一起互动操作，有机会就玩起来吧。

## 第三节
## 比较能力、可逆思维——水杯、绳子变形记

游戏道具：两根相同长的绳子、两个相同大的透明水杯、一个更粗或更细的水杯、水

游戏场景：家庭中

培养目标：比较能力、可逆思维

操作难度：★★☆☆☆

趣味指数：★★★★☆

在家无聊时，不妨和孩子一起来做做实验。

准备两根一样长的绳子，将其中一根平铺直放，另外一根弯曲着放。然后请孩子过来，让他判断两根绳子哪根长哪根短。等孩子说完后，让他自己动手将弯曲的绳子拉直，来

验证一下自己的猜测是否正确。

然后再准备两个相同大的水杯 A 和 B，里面放入等量的水，接着当着孩子的面，将水杯 B 里的水，倒入另一个更粗（或更细）的水杯 C 中，让孩子观察比较，现在 A、C 两个水杯中的水是不是一样多。等孩子说完后，让其将水杯 C 中的水再倒回水杯 B 中，来验证他的猜测是否正确。

 **配图**

1. 准备好两根一样长的绳子，一根直放，一根弯曲放。准备好后，邀请孩子过来观察。"请你仔细观察一下，哪根绳子长？哪根绳子短？"

2. "你可以用手拉一下，将这根弯曲的绳子拉直，看看是否像你自己说的那样。来实验一下。"

3. 准备好三个水杯。其中两个相同的水杯，倒入等量的水。然后将其中一个水杯的水，倒入另一个不同的水杯里。请孩子观察比较："现在两个水杯里的水一样多吗？"

4. "你可以试着再倒回去，观察一下水是否一样多。"

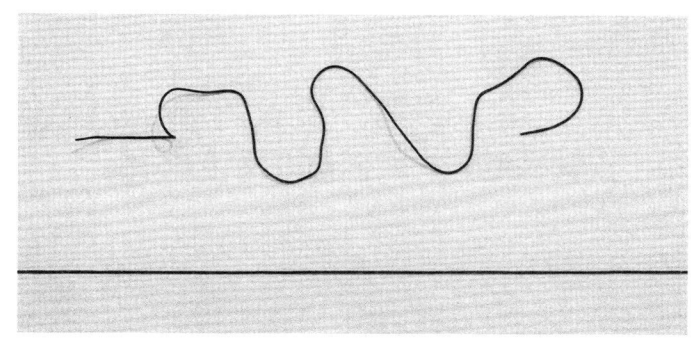

培养孩子这种猜测—验证的思维，是非常重要的一种思维模式。让孩子知道眼睛看到的不一定是真的，还需要动手实践一下。对于水杯倒水这个问题，其实是在训练孩子思维的可逆性，让孩子通过实验，慢慢了解到水的高度可以升降回原位，这是初步的守恒思想。

这两个实验都很有意思，也是心理学中经典的实验，家长们快快做起来吧。

## 第四节
## 计数能力——请你准备接积木

游戏道具：桌子、大盒子、积木

游戏场景：家庭中

培养目标：计数能力、比较能力

操作难度：★★★★☆

趣味指数：★★★★★

将桌子一端抬高一些，桌面大约倾斜15~20度，准备好一些积木就可以开始了。爸爸或妈妈在桌子高的一端，将积木一块接一块从不同位置滑下去，而宝宝就在桌子低的一端，拿着大盒子随时准备接积木。在这个过程中，可以变换不同的任务给孩子，比如第一轮接积木，要接一个数一个，练习数数。第二轮接积木，要每接一个说出积木的颜色。第三轮接积木可以每接一个，说出与上一个积木是相同还是不同。

根据孩子的水平，可适当调整难度，那就是变换桌子抬高的角度以及丢积木的速度。桌子越高，积木下滑得越快，那么允许孩子思考的时间也越短，他才会更专注地玩这个游戏。

 **配图**

1. 做好准备工作，将桌子抬高，并准备好一些积木和一个大盒子。

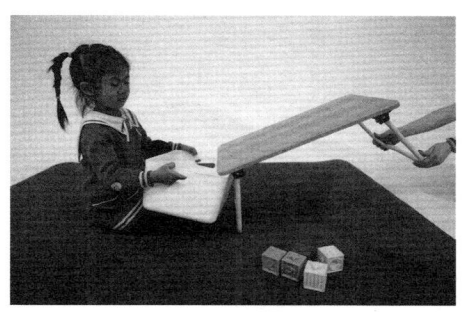

2. "开始，先来测试一下，看你能不能接得住积木。请一定要认真。"

3. 开始加入不同任务。这一轮请孩子边接积木边数数,看看孩子能接住多少块积木。

4. 再次开启一轮。"请你边接积木,边说出积木的颜色,你一定会做得很棒的!"

5. "最后一轮,难度升级,请你从第二块积木开始,说出与上一块积木一样还是不一样。"

6. 让孩子来丢积木,家长在另一端接。互换角色也很好玩。

 **育儿专家说**

这个游戏其实锻炼孩子很多方面的能力，不仅仅有计数能力、比较能力，还有孩子的反应速度、专注能力等等。根据孩子的水平以及兴趣，可以灵活调整难度。这个游戏非常适合在家庭中操作。

## 第五节

## 推理能力——屁股赛跑你敢吗？

游戏道具：垫子、玩具等障碍物

游戏场景：家庭中

培养目标：比较能力、推理能力

操作难度：★★☆☆☆

趣味指数：★★★★☆

坐在地上，孩子和父母一起来利用屁股和脚比赛，看谁跑得快。

爸爸可以先做个示范，规定好起点和终点，比如从沙发这头到餐桌那边。孩子看一眼就会了，接下来开始比赛。这个适合全家人一起参与，不过根据家庭空间的大小，可以选择人多或人少。

第一轮,可以先让孩子熟悉一下游戏规则,爸爸妈妈可以故意制造气氛,但又让着孩子,最后让孩子获胜,他会非常开心的。

第二轮,适当加入一些障碍物,比如把积木、毛绒玩具等随意撒到比赛的路线上,这次屁股赛跑可是要绕开障碍物的,看谁第一个到达终点。

 配图

1. "看妈妈先给你做个示范,只能用屁股和脚走哦。看我的!""怎么样,你能做到吗?"

2.接下来正式开始比赛了,孩子和妈妈一起参与。"宝宝,你的屁股跑得太快了,我都追不上了!"

3.下一轮比赛加大难度,妈妈把一些障碍物放置到路线中间,大家比赛时要绕开障碍物。"宝宝加油!这次妈妈可不会输给你了,别跑得太猛,不能碰到这些障碍物。"让孩子感受到激烈追逐的氛围,又适当地输给他,他会很乐意玩的!

制定游戏规则,可以让孩子理解规则的概念。这个游戏比较费体力,中间加了一些障碍后,还能综合锻炼宝宝避开障碍、寻找最短路线的推理能力。切记,一定要注意安全。爸爸妈妈陪宝宝玩这个游戏,还能促进宝宝的肌肉发育,还可以锻炼他的耐心。对于常年上班又缺乏运动的爸爸妈妈来说,这个游戏也是很好的锻炼方式。

## 第六节
## 计数、推理能力——数字棋挑战赛

**游戏道具**：小兔子历险记数字棋

**游戏场景**：家庭中

**培养目标**：计数能力、空间能力、推理能力

**操作难度**：★☆☆☆☆

**趣味指数**：★★★★★

别看孩子小，他已经可以理解复杂一点的规则了。准备好数字棋，与孩子来一决高下。

先给孩子讲解清楚下棋的规则：

首先，每人挑选一个自己喜欢的小动物头像，作为自己的棋子。

其次，通过掷骰子来决定走的步数。

最后，难的是让孩子理解棋盘上设置的其他小规则。比如碰到飓风和猎人要暂停一次、碰到大老虎要退后5格、遇到胡萝卜可以前进5格、走到桥下可以直接过桥等。这些规则在玩的过程中，遇到了就给孩子解释一遍，直到他记住并理解。

了解了规则，就可以开始比赛了，看看谁先到达终点。爸爸妈妈可以轮流陪孩子下棋，一旦他掌握了规则，很可能要求下四五局，所以要保持耐心。这是一个非常锻炼孩子脑力的游戏。

 **配图**

1. 准备好数字棋，由爸爸或妈妈为宝宝讲解规则。

2. "接下来请挑选一个你喜欢的小动物头像。"让孩子先挑，挑完后都放到起点。

3. "开始掷骰子了，宝贝，你的骰子点数是几你就可以走几步，我们一起来数一数。"

4.如果碰到了飓风或大老虎等，就提前一点告诉孩子相关的规则。

5.在下棋的过程中，孩子也许会耍点小聪明，可能他掷的骰子点数小时会再掷一次，不要紧，也不要拆穿他，快乐下棋才是主要的。最后爸爸妈妈也可以故意输给宝宝，让他体验赢了的感觉。

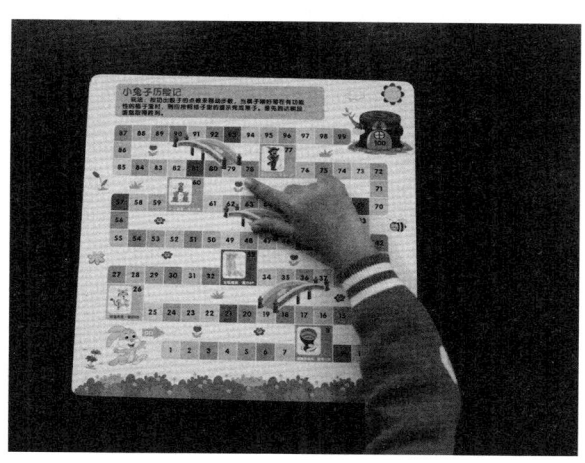

 **育儿专家说**

　　下棋，虽然看似复杂，但3岁左右的宝宝，已经能理解一些基本的规则了，关键是给孩子尝试的机会，并耐心陪伴他。这款数字棋，非常适合3~6岁的孩子，里面有1~100的数字，在下棋过程中，随时让孩子练习数数，并且是随着掷骰子的点数来数的，能让他更好地理解数字的含义。

　　而且棋盘上设置了不少小规则，将整个下棋的过程变得丰富好玩起来。能不能赢，也全凭运气。如果孩子耍赖，也不是多大的事，可以偶尔让让他，但是游戏规则还是要让孩子理解并遵守的。

## 第七节
## 推理能力——你说我猜一起玩

游戏道具：无

游戏场景：随时随地

培养目标：推理能力

操作难度：☆☆☆☆☆

趣味指数：★★★☆☆

很简单的游戏，但需要孩子动动脑筋才行。这是一个随时随地都可以发起的游戏，爸爸妈妈都可以参与进来。与孩子讲明游戏规则，若是两个人一起玩，那就轮流着一个人说，一个人猜。说的人，可以就视线看到的物品来进行描述，比如"这个东西是白色的，并且是方形的"，另一个人根据描述来猜测是什么东西。根据孩子的水平，可以从最简单易观察到的物品猜起，慢慢加大难度。当然在这个过程中，要让孩子猜对几次，别打击他的自信心。

 **配图**

1."我们来玩一个你说我猜的游戏，妈妈先来，请在房间里找出一个白色的东西。" 孩子猜对的话，可给他一个大大的鼓励。

2.轮到孩子说了。"它的颜色是黑色的"，妈妈也可以故意猜错几次，让孩子再给点线索。

**育儿专家说**

多与孩子玩一些亲子互动游戏,尤其这种需要孩子自己动脑想想和表达的游戏,对于孩子的思维启蒙非常有益。这个游戏对场地没有限制,在早起或者晚上入睡时,都可以适当玩一会儿。

## 第八节
## 数形转化、空间思维——听指令摆图形

游戏道具：小木棍或彩笔若干根

游戏场景：家庭中

培养目标：数形转化思维、空间思维

操作难度：☆☆☆☆☆

趣味指数：★★★★☆

准备好道具，接下来父母可以用"考一考你"或者"你来闯闯关吧"，来引导孩子参与到游戏中。游戏很简单，由父母来说指令，让孩子先用彩笔摆一个三角形，然后再摆一个三角形，接下来请孩子想办法，如何用五根彩笔摆两个三角形？这个过程中，可以慢慢观察孩子的思考过程。若是孩

子顺利摆出来，可以让孩子说说他是怎么想的；若是孩子摆不出来，父母可以适当提示。

 **配 图**

1. 准备好教具，10~20根小木棍或彩笔等。
2. 对孩子说："请你用三根彩笔拼出一个三角形。"孩子拼出后，请他再拼一个三角形。

3. 接下来对他说："你用六根彩笔拼了两个三角形，那接下来你能不能用五根彩笔拼两个三角形呢？"

4. 让孩子独立思考，适当引导孩子，比如"把两个三角形挨近一点，你看看有没有什么办法？"等孩子发现可以共用一条边时，鼓励他说出他的发现。

5. 游戏延伸："能不能再加两根彩笔，拼出三个三角形呢？"或者"你能用七根彩笔拼出两个正方形吗？"等等。

育儿专家说

这个游戏对三四岁的孩子来说，会有一定的难度。一般到了五六岁，孩子才能理解共用边的原理。不过可以让孩子初步尝试，家长不需要告诉孩子"共用边"，要让孩子自己在操作中体验"原来可以挨着一条边，搭出两个三角形。"带孩子试试，一旦他能做出来，会非常兴奋的。

## 第九节
## 数形转化、推理——剪纸猜一猜图形

游戏道具：纸张若干、儿童专用剪刀

游戏场景：家庭中

培养目标：数形转化思维、推理能力

操作难度：★☆☆☆☆

趣味指数：★★★☆☆

孩子到了三四岁，对于剪纸非常感兴趣，这个游戏就是让孩子剪剪剪，可以随时在家里发起。

父母可以和孩子一起剪纸，先剪出一些基本形状，比如三角形、正方形、长方形。然后随机拿出一个形状，问孩子："再剪一刀，请问会变成什么形状？"先让孩子说说他的答案，然后让他剪一下试试。当孩子剪完并说出他的答案后,鼓励孩子继续想想,还有没有其他可能?再试试剪一刀。这个过程中父母可以与孩子一起剪,并适当示范与引导。直到将每个图形的每个结果都尝试一遍,最后帮助孩子一起来发现和总结。

 **配图**

1. 与孩子一起剪出一些基本形状(三角形、正方形、长方形等)。

2. 以正方形为例,问孩子"剪一刀后,会变成什么形状呢?"鼓励孩子自己多次尝试,并找出尽可能多的结果。

3. 再尝试其他图形，如三角形、长方形等，父母可以与孩子一起剪，适当时候做好示范。

这个游戏首先要注意安全！孩子在剪纸过程中，可能会剪得歪歪扭扭，家长要有耐心，剪纸也需要多次练习，孩子才会慢慢沿着直线剪。在这个过程中，以游戏玩乐的心态，让孩子对图形产生兴趣。

## 第十节
## 计数能力——我们一起来买卖

游戏道具：1元、5元纸币若干，5角、1元硬币若干，玩具若干

游戏场景：家庭中

培养目标：计数能力、钱币认知

操作难度：★★★☆☆

趣味指数：★★★★☆

让孩子认识钱币，在实际生活中有很重要的意义。用拍卖的形式，让孩子在其中扮演角色，是个快速有效的认识钱币意义的方式。

首先父母准备好各种各样的玩具，比如积木、小汽车、玩偶、画笔等等，摆在桌子上。给每一个玩具都贴上不同的

价格，初次玩的话，建议价格在1~5元。然后给孩子和其他参与的家庭成员发放一些纸币，比如5张1元的和1张5元的。

接下来好玩的买卖游戏开始，由爸爸扮演卖方，他来介绍每一个玩具以及价格，然后让孩子及其他家庭成员进行买卖。买卖成功后，让孩子来数数应该给出几张纸币，可以换走自己买的玩具。在这个过程中，让孩子每次都数一数手中的纸币数量，进一步理解数的概念，并且懂得5张1元的可以用1张5元的代替。

根据孩子的情况，也可以多给孩子一些不同面额的钱币，比如5角硬币、1元硬币、10元纸币等；另外也可以将物品价格设置得范围更广一些，比如1元5角、8元等，来增加难度。

 **配 图**

1. 找出宝宝常玩的一些玩具（如积木、小汽车、玩偶、画笔等），标上不同的价格。

2. 可以全家人参与，给家庭成员们分配角色：买方和卖方。给买方每人发相同数量的钱币。

3. 开始进行买卖,尽量让孩子多买卖。在交易时让孩子数一数钱币,并慢慢懂得其中的换算关系。

4. 初次玩,建议物品价格在 1~5 元之间。等孩子熟悉后,再慢慢增加不同面额的钱币,以及将物品价格标得复杂一些来增加游戏难度。

 育儿专家说

买卖游戏非常受小朋友的喜欢,这类游戏不仅能让孩子熟悉数量、数物对应,还能让孩子简单认识钱币以及钱币的换算关系。父母在家可以随时与孩子开展这项游戏,需要注意的是,难度要循序渐进。

## 第十一节
## 推理能力——一星期有七天

游戏道具：白纸、彩笔

游戏场景：家庭中

培养目标：推理能力、时间认知

操作难度：★★☆☆☆

趣味指数：★★★☆☆

时间看不见、摸不着，所以孩子很难理解时间的概念。如果能将时间画下来，让孩子看得见，孩子就能具象地理解时间的概念了。

父母可以在一张白纸上画上七个格子，告诉孩子一个星期有七天。接下来告诉孩子，从星期一到星期五，是爸爸妈妈上班的日子,也是孩子上幼儿园的时间。到了星期六和星期天,就是周末,可以不用上班和上学。

和孩子约定好,每过一天,就在一个格子里做好标记。星期一到星期五可以涂上统一的颜色,比如绿色;星期六和星期天,可涂上红色。为了增加区分性,还可以使用两种小图案:花朵和太阳,与孩子一起画并剪下来。

接下来星期一的时候,孩子起床了,就让他把第一个格子涂上绿色,并贴上花朵。到了第二天,同样涂颜色和贴花朵。以此类推,让孩子有时间累加的感觉。等到了周末,涂的颜色变成红色,并且贴上太阳,让孩子感觉出周末这两天和平时是不一样的。

 **配图**

1. 和孩子一起做手工,父母在一张白纸上画七个格子,代表一星期有七天。然后和孩子一同设计花朵五朵

和太阳两个,可以画出并剪下来。

2. 告诉孩子一星期有七天,每过一天,要在一个格子里做好标记。星期一到星期五,格子里涂绿色,并贴上花朵;星期六和星期天,格子里涂红色,并贴上太阳。

3. 开始执行,每天孩子起床后,让孩子给格子涂色并贴上小图案。

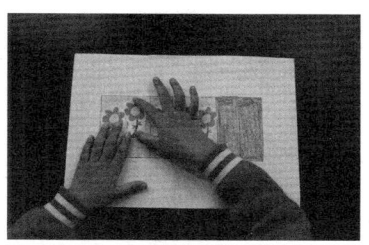

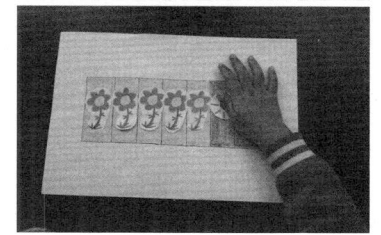

 育儿专家说

　　让孩子了解时间的变化,也是数学概念之一。通过将抽象的时间概念,变成具体可以看见的和可以操作的过程,更利于孩子理解时间。通过每一天的时间变化,孩子可以推出还有几天才能到周末,周末和平时有什么不一样的变化,等等。

## 第十二节
## 比较能力——请来给它称称重

游戏道具：自制小天平（两个纸杯，两根筷子，线绳）、日常小物品若干（纸杯里能装下并承重的）

游戏场景：家庭中

培养目标：比较能力

操作难度：★★★★☆

趣味指数：★★★☆☆

父母可以用一次性纸杯、旧纸箱等，和孩子一起制作一个简易的小天平。

准备一些日常的小物品，比如小汽车、积木、娃娃、球、勺子等。随机拿出其中两样物品，让孩子一手拿一个，判断哪个重。等孩子说完,再让他将两个物品分别放在天平的两端,如果哪端沉下去了就说明哪端比较重。与孩子一起,将准备的这些物品都称一遍,并请孩子按照由重到轻的顺序,排列出来。

 **配图**

1. 父母与孩子一起制作简易小天平,如图所示。
2. 准备一些日常小物品,如小汽车、积木、娃娃、球、勺子、彩笔、线团、硬币等。
3. 让孩子随机拿两个物品,一手一个,判断哪个物品重。
4. 然后放到天平上称重,让孩子再次观察和判断。

5. 让孩子用自己的双手感知一下所有物品，并放在天平上进行称重，按照由重到轻的顺序排列一下。

通过真实的轻重感受，孩子更容易建立轻重的概念。并通过直观的操作体验，初步理解测量，知道如何进行比较。要注意，有些东西看起来大，实际上很轻；有些东西虽然小，但很重。初次玩的时候，尽量避免使用这些物品，根据孩子的情况，逐步加入这样的物品，并与孩子一同讨论，让孩子真正理解轻重大小的概念。

## 第十三节
## 分类能力——请问谁是不一样的

游戏道具：日常小物品若干（积木、5角和1元的硬币等）

游戏场景：家庭中

培养目标：分类能力

操作难度：★★☆☆☆

趣味指数：★★★☆☆

家庭中随处都可以做的游戏，利用身边的物品，就地取材，一起玩起来吧。

请父母准备一些日常小物品或宝宝的各类玩具，与宝宝一起玩"找不同"的游戏。比如一排四块积木，有三块是正方形的、一块是圆形的；或者在形状一致的情况下，有三块颜色一样，一块颜色不一样。让孩子将不同的找出来，并说明为什么。适当引导孩子，什么是相同的，什么是不同的，帮助孩子建立分类的概念。

根据孩子的实际情况，可以提高游戏难度。比如一堆苹果中，放一个桃子；一堆1元硬币中，放一枚5角硬币等，让孩子慢慢区别细微的差别。

 配图

1. 在一堆相同类别的物品中，放一个不同的物品，如黄色积木中有一块红色的积木。

2. 请孩子找出其中不一样的东西,并说说他的理由。

3. 根据孩子的回答,父母适当帮孩子表达清楚不同点在哪儿,也适当引导一下相同点是什么。

4. 增加游戏难度,让孩子了解细微差别,比如一堆苹果里放了一个桃子、一堆 1 元硬币里放了一枚 5 角硬币等。

 **育儿专家说**

让孩子观察物品的相同点和不同点,是培养他分类能力的基础,平时父母可以多运用生活中的物品与孩子开展游戏。在游戏中,帮助孩子表达清楚物品之间的相同点和不同点,让孩子明白,虽然有些物品是同一类别,比如苹果和桃子都是水果,但它们的形状、味道不同。

## 第十四节
## 空间、创新——图形拼摆四部曲

游戏道具：废旧的包装盒、剪刀、笔

游戏场景：家庭中

培养目标：空间思维、创新能力

操作难度：★★★★☆

趣味指数：★★★☆☆

孩子在三四岁时非常喜欢剪纸游戏，接下来这个游戏，家长可以陪着孩子在家里尽情剪个痛快。

首先收集一些日常不用的废旧包装盒，可以选择轻薄一些的硬纸，方便孩子能剪动。

家长先用笔在这些硬纸上画出一些基本的图形：大圆（约

1元硬币大小）、小圆（约1角硬币大小）各10个；然后再画出一大一小的正方形、三角形、长方形各10个，大小比照着两个圆的尺寸即可。

画完后，家长和孩子一起将图形剪下来，注意孩子在使用剪刀过程中的安全。剪完后，让孩子再认识一下这些图形的形状以及大小。接下来，请孩子用这些图形拼摆出各种物品，不限制图形使用的数量，也不限制孩子思考的时间，充分锻炼孩子的空间思维和创新能力。

 **配图**

1. 准备好所需的废旧纸盒、剪刀和笔。

2. 家长在纸盒上画出一大一小的圆形、正方形、三角形、长方形各10个。

3. 引导孩子将这些图形剪下来，若孩子剪不动或剪得不好，适当帮助他一下。

4. 说明任务：请孩子用这些图形拼摆成一个个不同的物品。

（1）第一步想象：请孩子先在自己的头脑中想象一下要拼摆的物品，并说出需要的图形数量。

（2）第二步操作：取出需要的图形，开始进行拼摆。

（3）第三步表达：请孩子介绍一下他所拼摆的物品是什么。

（4）第四步评价：与孩子一同说说，拼摆得好不好、像不像。家长以鼓励和表扬为主。

5.继续尝试拼摆其他物品，重复这四步：想象、操作、表达和评价。

**育儿专家说**

这个游戏需要家长耐心地陪伴和引导孩子，由于是对家庭中的废品再利用，所以可以随时发起该游戏。

在用这些图形进行拼摆时，给出了四步，分别是想象、操作、表达和评价。这对于年龄小的孩子来说，可能有一定的难度，父母可根据孩子的实际情况来调整。第一步想象，对孩子的思维发展来说特别重要。如果孩子能在头脑中想象出他想拼摆的物品，能在头脑中对这些图形进行组合，就是对空间思维非常有益的一种训练。若是孩子做不到，可以直接进行第二步，边看着这些小图形边尝试进行拼摆。

若孩子不会拼摆时，家长可在一旁以比赛的形式，给孩子做一下示范等。

## 第十五节
## 分类、推理能力——玩瓶盖中的数学

游戏道具：各类矿泉水或饮料的瓶盖若干（要有颜色相同的几个瓶盖，如红、白、蓝各有三个）

游戏场景：家庭中

培养目标：计数能力、推理能力

操作难度：★★☆☆☆

趣味指数：★★★★☆

瓶盖对于孩子来说，总是有着莫名的吸引力。平时家长可以有意识多收集一下各种各样的小瓶盖，等收集几十个后，就可以一起来与孩子玩游戏了。

让孩子数数瓶盖有多少；每种颜色的瓶盖谁多谁少；将

瓶盖分分类；将瓶盖按不同规律摆放，然后让孩子接着往后摆；让孩子用不同数量的瓶盖来摆出不同的形状；等等。在这些过程中，可以训练孩子多方面的能力，如计数能力、比较能力、分类能力、推理能力，以及数形转化思维。

 配图

1. 日常与孩子一同收集各种各样的小瓶盖。

2. 分类小游戏："请你给这些小瓶盖分分类吧。"引导孩子说出分类理由，可以是颜色，可以是大小，可以是瓶盖上的小图案或瓶盖的新旧，等等。

3. 计数小游戏："请你数数一共有多少个小瓶盖？""红

色和蓝色的瓶盖哪个多？我们一一对应着摆一摆。"注意要让孩子手口一致数数、数物对应，并且最后说出总数。

4. 推理小游戏：家长先给孩子按规律摆几个小瓶盖，比如红色、白色、蓝色、红色、白色、蓝色……接下来让孩子继续往后摆。引导孩子说出他发现的规律。

5. 图形拼摆小游戏："你可以用八个小瓶盖摆一个三角形吗？"或者"这里摆的是正方形，请你数数一共用了几个瓶盖"等来启发孩子的数形转化思维。

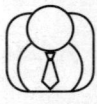 **育儿专家说**

小瓶盖大玩法，简简单单的瓶盖，可以玩出各种花样。各位爸爸妈妈，请抽出一些亲子时间，在玩游戏的过程中，启发孩子的数学思维，简单又轻松。

注意在让孩子一一对应着数数时，其实引入了最简单的测量概念，一定让孩子将要比较的两类瓶盖一端对齐，然后一一对应，他才能做出准确的判断。另外要根据孩子的水平和兴趣，选择适合他的游戏难度。

## 第十六节
## 空间思维——镜子面前来模仿

游戏道具：全身镜

游戏场景：家庭中

培养目标：空间思维

操作难度：★★☆☆☆

趣味指数：★★★★☆

孩子最爱模仿大人的动作了，拉着孩子一起在镜子前表演，看看孩子的模仿能力怎么样。

家长和孩子并排站在大镜子前，家长做一个动作，让孩子来模仿。比如，家长举起双手在头上拍拍手、向左边移动一步、点点头向前一步走、向右转一圈、左手拍拍左肩等等。

家长每做完一个动作,让孩子进行模仿,并鼓励孩子做出他的动作。若是孩子都做对了,就给孩子一个大大的奖励。

 配图 ////////////////////////////////////////////////////

1. 和孩子一同站在大镜子前,说明要求:"我做一个动作,你就跟着妈妈做出同样的动作,准备好了吗?"

2. 家长开始做各种动作,如举起双手在头上拍拍手、向左边移动一步、点点头向前一步走、向右转一圈、左手拍拍左肩等。

3. 鼓励孩子模仿动作,并描述出动作的方位。

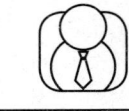 育儿专家说

开始时,家长的动作要做得慢一些,并尽量多重复动作,让孩子能跟得上。引导孩子看着镜子里的动作进行模仿,根据孩子的模

仿水平，可以适当加大动作难度。

等孩子五六岁左右，可以和家长面对面玩这个游戏，此时孩子能以自身为中心来判断左右，多做类似的游戏，能迅速促进孩子空间思维的发展。

## 第十七节
## 问题解决——捉虫子大比拼

游戏道具：小虫子贴纸若干

游戏场景：家庭中

培养目标：问题解决能力

操作难度：★★☆☆☆

趣味指数：★★★★☆

父母在家可以为孩子布置一个捉害虫的场景，将一些对农作物有害的小昆虫的贴纸贴到墙壁、柜子或玻璃上，最好比孩子伸手能够到的高度再高一些。然后告诉孩子，这些都是害虫，它们会吃田地里的庄稼，有的还会吃树叶、树皮等，让孩子想办法把它们都捉下来。

在这个过程中,鼓励孩子自己想办法解决问题。适当时候给予一些帮助,比如孩子要拿小凳子,那么作为家长,要确保孩子站在凳子上是安全的,及时扶一把;比如有的孩子要用苍蝇拍去打,那么在打的过程中,注意不要伤到别人;等等。

 **配图**

1. 家长和孩子将小害虫的贴纸贴到墙壁、柜子或玻璃上。
2. "请你想办法把它们都捉下来。"引导孩子自己想办法完成任务。
3. 问问孩子是怎么想到解决方法的,让孩子自己表述出来。

 育儿专家说

这个游戏很容易操作,关键就是给孩子设置一些趣味的问题场

景，让孩子愿意去动脑思考、解决问题。

除了以上介绍的将害虫贴纸贴到墙壁上之外，还可以引入其他小动物玩具，然后将这些藏到不同的地方，比如床底下或沙发底下，让孩子够不着，必须想其他办法才能完成。多布置一些类似的场景，培养孩子独立解决问题的能力。

## 第十八节
## 创新能力——添笔画来创造

游戏道具：白纸、画笔

游戏场景：家庭中

培养目标：创新能力

操作难度：★☆☆☆☆

趣味指数：★★★☆☆

培养孩子创新能力的游戏有很多，比如接下来要介绍的这个非常简单易操作。家长可以准备一张白纸，在纸上画一些图形，比如三角形、正方形、长方形、圆形，每个形状都画3~5个。

画完后请孩子拿起笔，在每个图形上添加几笔，让它变成其他物品。家长可以先示范画几个,比如三角形加一竖,变成树;正方形加个把手,变成水杯;长方形加个链子变成包包;圆形加几条弯曲的纹路变成大西瓜;等等。启发孩子大胆想象,随意创造。

 **配图**

1. 准备好白纸和画笔,家长先画上三角形、正方形、长方形、圆形各 3~5 个。
2. 家长示范,在其中一个图形上添加几笔,变成另外一个物品。
3. 鼓励孩子大胆创造,给每个图形添加几笔进行改造。

 **育儿专家说**

让孩子自己去想象、动手去创作，才能锻炼孩子的创新能力，大人替代不了。若是孩子的想法非常多，家长可以继续多画一些基本形状，鼓励孩子尽可能多尝试。

这个游戏还会提高孩子对绘画的兴趣，请爸爸妈妈有空多陪孩子一起玩，甚至可以一起比赛，说不定孩子的想象力比家长更厉害。

## 第十九节
## 空间思维——开启寻宝之旅

**游戏道具**：若干玩具或零食、白纸、画笔（要画好一张寻宝图）

**游戏场景**：家庭中

**培养目标**：空间思维

**操作难度**：★★★☆☆

**趣味指数**：★★★★☆

孩子最喜欢玩捉迷藏了，如果把孩子最喜欢的玩具和零食藏在家里的各个地方，让孩子去找，那么孩子不仅喜欢这个游戏，还喜欢寻找到东西的惊喜感。

怎么玩呢？很简单，家长可以趁着孩子不在家的时候，或者孩子在家，让孩子蒙住眼睛，然后将孩子喜欢的玩具和零食藏起来。

藏完后,不用急着让孩子找。先在白纸上画一张寻宝图,这张地图就是家里的布局图,要画得简单易懂,然后在藏东西的地方可以简单做一个小标记。让孩子按照寻宝图开始寻宝。

 **配 图**

1. 将孩子喜欢的玩具和零食藏起来。
2. 在白纸上画出寻宝图,标记出所藏物品的地点。
3. 让孩子拿着寻宝图,开始寻宝。

 **育儿专家说**

捉迷藏,可以说是孩子百玩不厌的一个游戏。利用捉迷藏游戏,将所藏地点画在地图上,培养孩子的空间思维。孩子需要看懂地图,并能根据地图上的方位指示,找到所藏物品。

玩过几轮后,也可以让孩子去藏东西,并画出寻宝地图,家长去寻宝。角色反转过来,孩子也会非常喜欢的。

## 第二十节
## 空间思维——我和球类玩具做朋友

游戏道具：皮球、气球或篮球等球类玩具

游戏场景：家庭中

培养目标：空间思维

操作难度：★★★☆☆

趣味指数：★★★★☆

　　多准备一些球类玩具，和孩子一起在家里玩球。可以踢球，可以拍球，还可以顶球。玩球的方式多种多样，在锻炼孩子全身运动的同时，还能促进孩子空间思维的发展。

 **配图**

1. 玩法一：爸爸妈妈中的一个人双脚分开当成球门，另外一人和孩子比赛踢球射门，可以在限定的时间内，比比谁踢进去的球多。

2. 玩法二：爸爸妈妈和孩子一起拍球，若是孩子还不会拍球，那么就选个软球进行抛球。游戏时可以加入一些指令，如"请把球拍得最高""请把球拍得最低""请在左脚处拍球"等等。

3. 玩法三：爸爸妈妈拿着球举在孩子头顶 10~20 厘米的地方，让孩子向上跳起来，用头顶球。边数边顶，顶到 10 个球或 20 个球就给孩子一个奖励。

 育儿专家说

球类游戏非常适合 3 岁以上的孩子玩，爸爸妈妈需注意的是要确保孩子的安全，尤其是在空间较小的房间里。天气好的时候也可以和孩子在户外玩耍。

父母的参与对孩子来说就是最大的奖励，因此可以多陪孩子玩这类启发思维的亲子游戏。

# 第五章

## 要教育孩子,先教育父母,论智慧父母的自我修炼

## 第一节
## 做好家庭教育，你需要读懂四点

我们前面分享了启蒙孩子数学思维的很多方法和游戏，但我还是想问家长们一个问题：当你给孩子买了一本故事书或者一本绘本时，你能从故事的表层挖掘出故事的内涵吗？如果你不能的话，那么我们就得出了一个结论：要想教育好孩子，家长首先要进行自我教育。

曾有一句话"每一个熊孩子背后，都站着一群熊家长"，在中国的社交网络上很有热度。是的，大家很认可这句话，但是要怎么解决呢？于是又出来一句非常有舆论争议的话："父母都应该持证上岗！" 至于为什么这句话能得到很多人的支持，因为现实中很多人压根就不会做父母。按照中国家长教育研究所所长齐大辉的观点来说，存在着很多"三无家长"，即：第一，迎接一个新生命到来时没有知识准备，是"无知"；第二,在孩子的成长中没有科学的教育方法,是"无法";第三,当孩子进入叛逆期,家长无法与孩子沟通,就只剩下"无奈"。

当然我并不认同父母一定要通过考试、持证才能上岗,但是我认为,很多父母确实需要接受教育。因为无论是主动还是被动成为家长,没有人天生就能做好父母,孩子的成长其实是孩子和家长一起成长,父母需要学习怎么样做合格家长甚至是智慧家长。

孩子在成长中犯错误太常见了,因为犯错误是他的权利。但是我们家长在教育孩子的时候,尤其是面对任性的孩子,很烦恼。有一位妈妈跟我说:"张老师,当妈妈真的比做工作要难多了!"那么我要告诉你,一个孩子一个样,我们解决孩子教育中的问题需要的是智慧。你读了十本教育的书,这时可以说你有了教育孩子的知识,但是不一定有智慧。孩子在成长过程中,需要家长帮助他去解决一个又一个问题,而解决问题的过程,才慢慢体现出你的智慧。

21世纪需要我们成为智慧型家长,做好孩子的家庭教育。可是你知道什么是家庭教育吗?我在无数次的讲座中,问了很多的家长:"什么叫家庭教育?"大家虽然有时说不上来,但你一言、我一语,综合起来就是:家庭教育是家庭中人与人之间的互动教育,沟通本身就是互动的,你影响我、我影响你，也就是说人人都在受教育，人人都是教育者。

是啊，家庭教育需要互动，如何做好互动？你需要读懂以下四点：

**读懂自己**

有一位治安民警曾向我咨询，他说他平时非常忙，有个4岁的儿子，因为平时陪孩子的时间不多，偶尔放假在家，这位民警就觉得孩子和自己很生分。另外他觉得小男孩天生淘气，有时会忍不住批评孩子。他觉得男孩子皮实，多说两句也没什么。可每次说完孩子，就觉得孩子更怕他了。现在，这位民警都不知道怎么跟孩子沟通了。他还说他其他的同事，也有类似的感受。他很疑惑为什么自己一见到孩子就忍不住要训孩子，看到的总是孩子的缺点。

我想问他的第一个问题是：你是谁？你的角色和行为是否一致？

为什么要问这个问题，是因为人具有多重角色，有工作中的角色、有家庭中的角色等，在不同场合、面对不同的人，都有不同的角色定位。

当我们回到家庭中的时候，我们的角色就是父母。所以此时要适时做好角色转换，要克服自身的职业倾向性。一个家庭的亲子关系出了问题，往往是父母的角色没做到位，角色越没到位，沟通的双方心理距离就越远，因此这样的沟通也没什么效果。上面案例中的民警，就是因为将自己的职业角色带回家了，总是盯着别人的缺点看，也习惯了批评教育违法犯罪的人。如果对待孩子也一直这样，孩子当然会怕他、会远离他。

其实角色转换本身并不难，难就难在很多人缺乏这种意识。

要想读懂自己，除了思考"你是谁"外，还要深入思考"你想做什么、你为什么要做、你怎么做、你做得怎么样？"这几个问题分别是从你的目标、你的价值观、你的行动策略以及你在反思中的成长角度来激发你思考的。

比如你是否能充分地认识自己所从事的职业的意义？有的人在工作中，是从理论上充分认识并理解了自己，也有一部分人是通过具体实践来读懂自己。如何发挥自我最大的价值？带着思考与反思去工作，我们才会有所成长，才会慢慢地爱上自己的工作。

再比如，面对家人，你是孩子，是父母，也是爱人，你想要为他们做什么、你想要打造什么样的家庭等,都是你读懂自己后所要去思考的。

我们再从孩子的角度,谈谈父母要如何引导孩子读懂自己。

孩童阶段是寻找自我、认识自我的敏感期,而处于成长敏感期的孩子对自己的认识往往又不稳定。因此,作为父母,帮助孩子去正确地认识自己、评价自己是非常关键的。我重点从孩子的生理、社会与心理三方面,谈谈父母要如何引导孩子读懂自己。

首先,教孩子读懂"生理自我"。

生理自我,是指自己的身体形象,包括性别、外表特征等。对于绝大多数孩子来说,父母要从对个体差异性的认同、对自己性别的认同两方面进行引导。具体的做法就是父母要引导孩子悦纳自己的外表,真诚地欣赏自己。

我认识一个女孩,16岁,长得矮矮胖胖,眼睛小小的,特别爱笑,朋友很多,同学们称她是"快乐的小皮球"。她爸爸经常对她说:"爸爸胖,你也胖;爸爸是快乐的大皮球,你是快乐的小皮球!"她妈妈也有风格相同的说法:"你的小眼睛完全继承了妈妈。告诉你一个秘密:当初,你爸爸就是看上了我的小眼睛,说我像豆子一样的眼睛最机灵、最有特色!"这个女孩通过父母乐观、幽默并且正确的引导,悦纳了自己的外表,在愉快的氛围中自信地成长。

那怎么引导孩子对自己性别的认同呢?首先,父母自身就要认同孩子的性别,从观念到行为都不能表现出任何重男轻女或重女轻男。其次,引导孩子明白男孩与女孩在生理上各有特点,从总体上看,男女也并不存在先天智慧与才能上的差异。以上都需要父母引导孩子善于发挥自己的优势、克服弱点,为自己的性别而骄傲,成为最好的自己。

其次,教孩子读懂"社会自我"。

社会自我是指自己在社会关系中的位置,包括在自己的亲戚、朋友、同学中的影响和社会地位。

父母要对孩子进行这方面的引导,比如先让孩子了解自己的家,接纳自己的家;然后让孩子了解家中每一个成员;最后让孩子明白自己与家、家庭成员和自己的关系,引导孩子珍惜所拥有的,爱这个家。这是让孩子先有家庭认同。

然后再帮孩子正确地把握和认识社会自我、集体自我。第一,父母要告诉孩子的是,每个人都生活在社会中、集体中,因此需要大家相互合作、分享等,这就需要大家每人去遵守、服从和维护社会以及集体的规则，要做有益于社会和集体的事。第二，父母要鼓励孩子保持自己独有的个性，带着个性融入社会和集体中，既要与其他小伙伴玩成一片，有合作的意识与能力，又不能完全随大流，丧失自己的个性。第三，正确认识社会自我，引导孩子防止两个极端，也就是不要高估自己，也不要低估自己。每个人都容易放大别人的缺点、缩小别人的优点，而放大自己的优点、缩小自己的缺点，这是人性的弱点，需要大人经常提醒才不至于盲目自大。因此，在孩子的成长中，父母要随时随地给予孩子客观而公正的评价，以孩子的努力和进步来评价孩子，让孩子在父母的鼓励中获得自信。

最后，教孩子读懂"心理自我"。

心理自我，是指对自己的气质、能力、性格、情趣、爱好和理想的认识。这是引导孩子"读懂自我"的关键，想做好这一部分，父母需要帮助孩子处理好以下这五种关系。

（1）今天和明天的关系

父母要鼓励孩子认真地对待今天，不管你有什么目标或理想，都要以今天为基础，帮助孩子养成从今天做起、从小事做起、从我做起的习惯,从孩子原有水平和实际能力出发,帮孩子制订一个"明天的计划"。

(2)优势和弱势的关系

根据著名教育心理学家霍华德·加德纳提出的多元智能理论,每个人都有多方面的智能。人与人之间之所以有差异,是因为大家各自的优势智慧不同,而且也与优势智能呈现的早晚不同有关。父母需帮助孩子发现自己的优势智能。具体做法包括以下几点,供各位家长参考:为孩子搭建舞台,让孩子充分展示自我;在弱势智能方面提供具体帮助,促进孩子在原有水平上有所提高;鼓励孩子向他人学习,吸取别人的智能来丰富完善自己的智能;倾听孩子的心声,尊重他们的兴趣;给他们自我创造、自我设计的空间。

(3)顺境和逆境的关系

当今的孩子普遍缺乏抗挫心理,父母要做好这方面的导师:顺境时,与孩子产生情感共鸣,为他的胜利欢呼、庆祝,同时引导孩子不要自大,不要被一时的成功冲昏了头;逆境时,父母要多一些鼓励和实际帮助,引导孩子在失败中吸取教训,找回自信。

（4）快乐和烦恼的关系

每个人都向往快乐，父母要引导孩子明白，快乐需要自己去寻找、去体验。另外也要帮助孩子排除烦恼，引导孩子学会如何面对自己的不快乐，这也是让孩子学会自我心理调节，排除烦恼也相当于帮助孩子找回了快乐。还有，让孩子明白"不经历烦恼，就不会知道何为快乐"这个生活的辩证法。

（5）现实和梦幻的关系

信息时代的到来，让不少孩子沉迷网络世界，有时甚至分不清哪是现实世界、哪是虚拟世界，给孩子的自我认识造成了很大伤害。然而，孩子的成长需要与时代同步，这也就更加需要父母正确地引导孩子。第一，丰富孩子的现实世界，让孩子旺盛的精力有处可用；第二，多与孩子沟通，多倾听孩子的声音，让孩子感受到现实世界更亲切、更可爱；第三，与孩子一起进行网络游戏，与孩子商量决定玩网络游戏的时间、时长，并制定文明上网规则，帮助孩子正确地认识虚拟世界。

对于学龄前的孩子，他们的网络世界可能是看手机、玩iPad等电子产品，原则同上，家长可以与孩子一起玩，并商定好玩的时间以及时长等。

**读懂时代**

我们生活在一个互联网的智能化时代，网上充斥着各种各样的信息，孩子们要学会选择和判断这些信息，进而学会综合利用有用的信息。这是在当代孩子需要必备的一种核心竞争力，因为随着时代的发展，孩子的竞争力就在于合作、交流和选择。

因此，我建议父母要读懂时代，不要只看重或过于看重孩子的成绩，而应该引导孩子全面发展。

21世纪的社会发展速度非常快，在这样的大背景下，父母要给孩子的不仅是知识，更重要的是给予孩子智慧，引导孩子学会批判性的独立思考。培养孩子的思考能力，关键是如何对待孩子的学习。

很多父母在意孩子是否得了100分，往往忽略了得到这个满分的过程和策略。如果是凭借死记硬背得来的100分，那么对孩子的将来没有任何意义。如何得来分数的过程，要远比最终的结果重要。虽然俗话说"条条大路通罗马"，但是，对于哪条道路是最优化的，能够做出相应的判断和选择，是在这个时代生存下去所需要的一种能力。在当今社会，如果不具备这种优化选择能力，人们往往会感到身心疲惫。

举个例子，孩子做完数学作业，父母可以多问几个问题："你是用什么办法做出来的？"这是具体策略；"还有别的办法可以解出这道题吗？"这是在引导孩子明白多元化解决问题的道理；"这么多解题的办法，那么针对这道题，哪个是最好的办法呢？"这是在引导孩子学会如何去优化。

说完了如何对待孩子的学习，那么在这个智能化时代，如何对待孩子上网呢？

很多两三岁的孩子，已经可以自己玩手机了，在手机上能找到自己想看的动画片、想听的歌，也会刷各种各样的短视频。这种现象非常普遍，当然很大一部分原因，是家长为了省事，直接扔给孩子一部手机让孩子保持安静。

根据孩子的发展规律，我不主张6岁之前让孩子接触电子产品。一是对眼睛的发育不好，二是其中的科幻内容会让孩子们分不清虚幻与现实。比如，有的动画片或游戏中有从高空往下跳的情景，6岁之前的孩子在认知发展上还没有达到区分虚实的程度，他们就会去模仿，这就会带来很大的安全隐患。如果孩子看了类似这样的内容，父母一定要跟孩子解释清楚："这不是真的，现实生活中的人是不能这么做的。"

6岁之前的孩子，应该多让他们接触大自然。他们能在自然中获得自由，而电动玩具都是设置好的程序，孩子在这些东西面前其实是被动的。人需要自由，这是一种本能。快乐是什么，就是自我需要得到满足后产生的情绪，而孩子最大的需要就是自由地玩。

对于大一点的孩子或者已经有了一两年网龄的小孩子来说，父母要避免孩子产生网瘾，不是去堵，而是要疏导。父母如果完全不让孩子接触网络或各类电子产品，只会让这件事显得更加神秘，反而促使孩子产生更大的好奇心。因此父母可以陪着孩子上网或使用电子产品，科学地引导孩子如何利用网络或电子产品来学习。

 张梅玲教授如是说

调查研究

2020年5月13日，共青团中央维护青少年权益部、中国互联网络信息中心联合发布《2019年全国未成年人互联网使用情况研究报告》：2019年我国未成年网民规模为1.75亿，未成年人互联网普及率达到93.1%。互联网对于低龄群体的渗透能力持续增强，32.9%的小学生网民在学龄前就开始使用互联网。

## 读懂了时代,读懂了智能化,还要读懂全球化

今天的社会,世界已是地球村,孩子要敢于利用网络平台勇敢地展示自己,敢于与外界交流自己的观点和想法。

在这个过程中,要着重培养孩子勇敢面对失败的勇气和能力,一个能够勇敢面对失败的人,才会坦然地去面对成功。作为父母,一方面要帮助孩子认识自己的情绪状态,提出如何发泄情绪的建议;另一方面要指导孩子自己进行情绪调节,也就是让孩子正确地对待学习和生活中的成功与失败。

张梅玲教授如是说

**未来趋势**

世界银行集团发布《2019年世界发展报告:工作性质的变革》的前言中提到"当前的许多小学生在成人后将从事今天根本不存在的工作"。

他们提出要重点培养孩子的三大技能:1.高级认知技能,即解决复杂问题的能力,包含互联网、人工智能、大数据等方面的技术

知识、问题解决能力和批判性思维；2.社会行为技能，即团队协作能力，包含毅力、协作和同理心；3.能够预测适应能力的技能组合，包含推理能力、辩证思维和自我效能感。

**读懂教育**

如何读懂教育？教育，从不同维度看，可以做出不同的划分，比如从教育场所来看，教育可以分为学校教育、社会教育和我们一直在谈论的家庭教育。

家庭教育，侧重塑造人格修养，是对每个人影响最大的方面，尤其对6岁之前的孩子来说，家庭教育尤为重要。

学校教育，侧重把所学的知识转化为智慧，是带有一定计划和目的去造就一代人。在学龄期间，从接受知识和技能的角度，学校教育会很重要。

社会教育，每个人都在无形中接受着这部分的教育，它是一种大的氛围，不受人为控制。对孩子来说，社会教育也是潜移默化的。

因此，在家庭教育中，父母要做好如何利用社会教育中的正能量来教育孩子，在面对孩子的疑问时，也要学会客观、理性地分析社会中的负能量事件。

不管是家庭教育，还是学校教育，或者是社会教育，最终要达到的目的都是相同的，那就是实现自我教育，这也是美国心理学家马斯洛提出"人的需求层次理论"中的最高层次——自我实现的需要。因此，我们现在所谈的教育，绝不仅是针对孩子的教育，也包括对每对父母的教育。

从每个人的成长角度来看，教育可以分为四个阶段：首先是"我就是我"，即3岁以前的婴幼儿阶段，这是完全以自我为中心的阶段；3岁之后开始上幼儿园、小学、中学、大学，慢慢成为"社会中的我"，与外界有越来越多、越来越密切的关联；然后是"对社会有用的我"，这是一个人成为人才并贡献社会的阶段；最后，则是"我就是我，我又不是我"，这与最初的"我就是我"截然不同，这是人与社会、自然相融合的阶段。

从具体方式上看，教育重在积累，快不得；教育不是工业，而是农业，需要精耕细作和精雕细刻，最终实现"让我们成为最好的自己"。

从具体内容上看，教育要结合时代特点。比如，过去，我们教育孩子时习惯说："大人说话，小孩子别插嘴。"现在，我们则这样教育孩子："大人说话时，小孩也可以表达自己的观点，但要有礼貌地表达。"过去，大人们总说"好孩子就是要听话",现在,我们认为"听话可以是好孩子的标准,但绝不是唯一标准"。我们已经认识到从某种程度上讲,"听话"是不动脑筋、没有自我的表现,我们开始更多地主张孩子应多一些提问、多一些质疑、多一些思考、多一些与伙伴的合作交流、多一些自我展示。

### 读懂孩子

我先来问大家一个问题:"孩子是谁?"

好多妈妈说:"孩子是我们家的宝贝,还需要你问吗?"没错,孩子是你们家的宝贝,但是应该说这个回答还不是很正确、很完整。

孩子是谁?我这里有三个比喻:

第一,孩子是他自己。

当他来到这个世界上的那一刻,父母就要意识到,孩子是个独立的生命体。由于先天遗传和后天环境的影响,每个孩子都有着他们各自独特的个性。要知道,不同的孩子,即使在面临同一个学习内容时,由于每个孩子具备的认知水平不同,他们的情感准备以及对学习的兴趣也不同,因而就决定了他们的学习速度、学习时间以及所需要的帮助也不尽相同。我们是他们的爸爸或妈妈,但并不能决定或控制孩子,也不能把成人的思维强加在孩子身上,要重视孩子的个体差异,要学会尊重他们。

同样地,我们也是相互独立的个体,我们在角色上是孩子的爸爸或妈妈,但我们不是孩子的某一部分,并不受孩子的支配。这一点一定要有个清醒的认知。

第二,孩子是童年。

童年是什么?童年就是玩儿,就是快乐。我们要把孩子当成孩子,设身处地为孩子着想,保持孩子的自然状态,让他们的童年过得幸福和快乐。一个孩子若是没有快乐的童年,作为父母的我们,就要自我深刻反思了,严重点说,我们是对不起他们的。因为孩子过了3岁、过了6岁,再也不会有这样无忧无虑玩耍的时间了。

再对比现在很多的年轻人,尤其是宅男和宅女们,整天拿着手机沉浸其中,长久下去他们能适应现在的社会吗?所以不要让孩子过早接触手机,给孩子充分的时间,让他们在该玩耍的年纪尽情玩耍,拥有一个快乐的童年。

第三，孩子是成长中的人。

孩子的成长很快，尤其年龄越小，发展越快，学习的可塑性也越强，因此正好是教育的最佳阶段。尤其在3~6岁，需要对这个阶段的孩子进行启蒙教育。启蒙教育做好了，以后才能有效激发孩子的各种潜能，培养出优秀的、智慧的孩子。

把孩子作为一个成长中的人、发展中的人来看，就要了解孩子的特点和需求，就要理解他们身上存在的不足，就要允许他们犯错误。所以对待孩子要宽容，要充分了解孩子实际面对的问题，并帮他们解决问题。我们要学会用动态的、变化的眼光看待孩子的成长，从而不断促进他们的发展和进步。

读懂了孩子以后，我们再来看家长应该做什么？我这里有三个前提条件需要先和家长们聊聊：

（1）父母的行为，就是孩子的未来。

为什么这么说？每次在谈到家庭教育的时候，我总是深刻地认识到，孩子在成长的过程中，最先接触到的和接触最多的人应该就是自己的父母了，而且从心理情感的角度来说，孩子的出生源于自己的父母，所以父母的行为举止无时无刻不在影响着孩子。孩子最初的成长，不是创造，而是模仿，从模仿身边的人开始，所以父母是否做好表率、父母是否以身作则，都在影响着孩子的每一步成长。

　　我女儿小的时候，她很多习惯的培养都是通过观察和模仿我而来的。

　　我记得那时候我家里的书特别多，因为我很爱看书，家里摆了好几个书架。那时我很注重分类，将经常看的书放在书架最外侧、最好拿的位置，不经常看的书就放在书架最高层或最底层的位置。另外根据书的不同类型，贴上标签，分类放置，这样想找哪一本书的时候就可以快速地找到。当然不仅仅是书的分类，对于平时的衣物、日常用品等，我都会严格分类。

　　女儿的房间平时都是她自己整理，她也学着将自己的玩具、绘本等进行分类放置。我记得有一次她参加了一个游学营，去澳大利亚玩了几天。回来后老师告诉我说："别的小孩去了后，不是丢了这个，就是丢了那个。只有你家孩子什么都没丢，行李箱的东西也摆放得非常整齐。"其实我平时也没有特别强调或不停唠叨她什么东西该怎么放，我就是自己一直这么做，孩子自然而然就会在潜移默化中习得这样的习惯。

　　我还有一个习惯，很爱使用备忘录，俗话说"好记性不如烂笔头"，平时去哪儿讲课的时间安排、工作上的人情往来以及家庭财务上的花销等等，我都会记录到一个本子上。我这种随手记的习惯，不知不觉中影响了我的女儿，因为后来我发现我女儿也会随时记录，并且当她有了女儿后，她的女儿也随时记录。这就是我们家庭的传承，有些习惯或行为，不用特意告诉孩子，他自己也能学会的。

你看，就是这样一些小事，你会惊叹，原来父母不经意间的一个小动作或者一个小价值观，就会被孩子记在心里。凡是家长经常做的事情，无论好坏，孩子也会跟着做，并且会养成习惯。所以我们父母要好好学习，孩子才能天天向上。

有的父母会说："孩子已经上幼儿园了，教育交给老师不就可以了嘛，我们哪有时间来教育孩子，再说也不会教育。"如果这样想，那就大错特错了，学校的教育是一部分，但在孩子小的时候，家庭教育的作用和影响并不弱于学校教育，甚至要比学校教育更强。

孩子的教育由不得我们等待，虽然每一个家长可能做不了大的事，但在家里给孩子一点空间和自由，提供一些相应的支持和引导就够了。最简单的，比如利用孩子"爱模仿"的特点，多为孩子树立正确的榜样，如答应孩子的事情就要做到，孩子也会养成诚信守诺的习惯；父母遵守交通规则，孩子才会做到"红灯停、绿灯行"；孩子帮助父母做家务或收拾房间时,父母表示感谢,那么孩子在成长过程中,会更容易感恩。

父母是孩子的第一任老师,也是孩子永远的老师,因为家是孩子永远不会毕业的学校。

 张梅玲教授如是说

**趣味实验**

心理学史上有一个非常著名、非常有影响的实验——波比娃娃实验,是班杜拉和他的助手于1961年在斯坦福大学完成的。

参与实验的是3~6岁的幼儿共72名,男孩女孩各一半,孩子们的平均年龄是4岁零4个月。

研究者将孩子们平均分成三组:A组为控制组,B组和C组为实验组。

实验过程如下:

B组:研究者带着B组一名孩子去一间活动室,路上假装意外地遇到一个成人,于是邀请这个成人来参加一个游戏。他们一起到了活动室后,孩子坐在房间的一角,面前的桌子上有很多有趣的东西,

如土豆印章、贴纸等。成人在房间另外一角,他的桌子上有一套拼图玩具、一根木槌和一个充气的波比娃娃。然后研究者离开房间。

接下来,这个成人先玩了会儿拼图玩具,一分钟后,开始用暴力击打波比娃娃。先是将娃娃放在地上,然后坐在它身上,并且反复击打它的鼻子。随后把娃娃竖起来,用木槌击打它的头部,然后猛地把它抛向空中,并在房间里踢来踢去。这个过程中还伴有攻击性语言,比如"打他的鼻子""打倒他""把他扔起来""踢他"等等。这样的情况持续10分钟,然后研究者回来,这个成人离开。

接下来研究者将孩子带到另外一间活动室。这个房间有非常吸引人的玩具,等孩子玩了一会儿后,告诉孩子这些玩具是为其他小朋友准备的,然后请孩子再去另外一个房间玩别的玩具。

在最后的房间里,有各种各样的玩具,如模仿攻击性行为可使用的波比娃娃、木槌、飞镖等玩具,还有蜡笔、纸、球、小汽车、布偶娃娃等其他玩具。研究者告诉孩子可以随意玩20分钟,然后就离开房间,在另一侧有单向玻璃的房间进行观察。

C组:实验过程有一处与B组不同,成人在房间里并没有击打波比娃娃,而是认真地玩了10分钟的拼图玩具,其他步骤完全一致。

A组:为控制组,只参与最后一个步骤,在房间里随意玩20分钟。

实验结果:A组和C组的孩子,并未出现攻击性行为;B组的孩子,男孩平均有38.2次模仿身体攻击行为,女孩平均有12.7次;在言语攻击行为的模仿上,男孩平均出现17次,女孩出现15.7次。可看出,攻击行为对男孩的影响要大于女孩。

**参考文献:**

边玉芳.学习即模仿——班杜拉的榜样学习实验[J].中小学心理健康教育,2013(2): 34~35.

（2）孩子是父母的一面镜子。

孩子是父母的一面镜子,这是我自己对家庭教育、对父母的一个理解。

再次问父母们一个问题:"你们想让自己的孩子成为一个什么样的孩子?现实中你们的孩子和自己想要的孩子有什么样的差距?造成这样差距的原因是什么?"

可以边思考,边来读下面的故事。

一个学生在课堂上分享了她4岁女儿的故事。她说有一天自己下班回家,有点工作要处理一下,结果发现鼠标不见了,找了一圈也没找到。后来就问女儿有没有看见,小家伙想了一下说"我藏起来了",说完后在沙发的一个角落里给妈妈找出来了。当问她为什么藏起来的时候,她说"我不小心摔坏了,所以就藏起来了",妈妈一看,果然发现鼠标的外壳摔掉了两个小碎片。

这位妈妈很不理解,平时也没有对孩子很凶,为什么她犯了错却不告诉妈妈,还藏起来,如果不问,估计就会一直在那儿藏着。我告诉这位学生:"孩子把摔坏的东西藏起来,是为了掩饰自己的错误。有两种可能,一种是父母平时也有这样的行为;还有一种是父母对待孩子这种行为总是指责或打骂等,孩子为了逃避才藏起来。"

通过对这件事的分析,希望各位父母反思的是,不要看到孩子做得不好,潜意识里就开始责备孩子,而是要想想自己做得怎么样?自己教得怎么样?

不要总是抱怨孩子,因为你所抱怨的,可能正存在于你自己身上。孩子就是我们父母的一面镜子,能帮助我们看见自己、反思自己。反思真的是做父母最大的智慧,借由孩子的成长来反思自己的人生,修炼家长的智慧。所以从孩子的行为上,我们要多一些做到,少一些说教;多一些思考,少一些责备。

 张梅玲教授如是说

### 心理测验

心理学上有个非常重要的测验形式,叫"投射测验"。就是给你一幅图,这幅图非常开放,无主题,看看你是如何解释、解读和

表达这幅图。通过你的讲述和表达，就能看出或分析出你内心的想法、你的性格特征以及你最近的情绪状态等。

其实孩子往往就是家长的"投射物"，孩子的一言一行、性格特点、兴趣特长等，都直接投射了家长的情况。所以才有"每个问题孩子的背后都有个问题家长"的说法，换言之，孩子就是家长的一面镜子。

**参考文献：**
杨治良. 简明心理学辞典［M］. 上海：上海辞书出版社，2007.

（3）平等对待孩子。

对待孩子要像朋友一样，平等相处。很多时候这句话说起来容易，做起来却非常难。因为有太多的父母，忍不住要去干涉和指责孩子，比如"玩具怎么又撒了一地？快点收拾好。""彩笔怎么能这么画呢？你会把它弄坏的。""你怎么问题这么多，总是来烦我。"……

我们说平等，首先是要能够倾听孩子的内心，尊重孩子的想法，多给孩子一些自由，而不是动不动就强制或限制孩子不能那样、不许这样。尤其在平等相处的话题中，还有一个很容易被父母忽略的问题，即：自己犯错了要不要和孩子道歉？

几乎所有的父母都会教育孩子"要勇于承认自己的错误,犯错了就主动承认,不要为自己找各种借口"。有些父母自己错了,却不愿意在孩子面前承认,尤其是在误解了孩子的时候,或错误地批评了孩子时,不愿意向孩子道歉,怕在孩子面前没了尊严,没了威信,其实完全没这个必要。

我女儿也给我讲过她类似的经历。她说在她女儿3岁半左右,有一天,她回到家看到书架被翻得乱七八糟,地上满是书,正好她的女儿坐在地上在翻书呢。当时她很生气,想当然地认为是她的女儿弄乱的,于是对着孩子就批评一通。但孩子说不是她弄乱的,而且一副要哭的样子。这时,我女儿还很生气,觉得这小家伙犯了错还不承认,于是便命令孩子,赶紧把书摆放整齐。

后来过了半小时,孩子的爸爸回来了,他说他当时着急找一份文件,于是匆匆翻了书架,后来有急事没来得及收拾就出去了。原来误会女儿了,孩子还在哭,而且也不理妈妈了。此时,显然是妈妈做错了,需要向女儿道歉,于是她跟她的女儿说"宝贝,对不起,妈妈不了解清楚就批评你是不对的,现在向你道歉",这时孩子的脸才由阴转晴。

女儿给我讲这个故事的时候,其实也说了她内心的纠结,她的纠结估计也代表了大多数父母的内心想法。作为一个妈妈,如果向幼小的孩子道歉,以后孩子还会听话吗?会不会从此轻视妈妈呢?

其实这样的想法只是大人的想法而已,孩子内心并不复杂,如果大人犯错了不道歉,那么以后他也会不道歉或不承认犯错。如果大人犯错了就道歉,对孩子来说,这和他学到的规则是一致的,他只会更加遵守犯错就要道歉的规则。

说完这三个前提,我们再来说,当读懂孩子后,父母应该怎么做。

(1)重视孩子的个体差异,让孩子学会跟自己比。

每个孩子都是独特的个体,都是自由的生命体。但好像大多数父母更喜欢"别人家的孩子",总觉得别人家孩子不玩手机、不发脾气、爱学习、爱阅读、懂礼貌、说话甜……自己家的孩子和别人家的孩子一比,全是缺点。

中国青年报社的一项调查报告显示:83.4%的受访家长有过拿自己的孩子跟别人家孩子做比较的行为。激励孩子的方式有很多,拿自己家孩子和别人家孩子比较,这是最不明智的一种。

以下这个案例就是家长们经常遇见的情况：

孙女士送孩子去幼儿园，路上遇见一个熟人，相互寒暄了几句，对方就开始问："你家孩子最近在学校表现怎么样？""上了几个培训班？""参加什么比赛了吗？"……问了一堆，看似对这个小孩很关心，其实只是在聊天中凸显自己孩子的优秀表现。

还好，孙女士觉得并没有必要详细把孩子的情况一一道来，于是就说"我家孩子表现很好，很知道努力"，说完后，看到孩子也非常开心地看着妈妈，妈妈夸她努力，她觉得妈妈很关注她。

孙女士和我分享这个案例的时候说："我何必把孩子的情况跟外人说得那么详细呢？孩子表现好或者表现不好，这都是我和孩子的事，说出来又能怎么样呢？攀比实在是没必要。"

老拿自己的孩子和别人家孩子做比较，对孩子有什么激励作用呢？但还是有太多的家长每天都喜欢比来比去。

孩子刚生下来，比体重、比身高；

长大一点了，比谁胖、长了几颗牙、能背几首诗、能数多少数了；

上了幼儿园，又开始比孩子在学校赢得的小星星谁多谁少、是不是又得老师夸奖了；

上了小学、初中、高中，比成绩、比才艺、比性格、比谁上的大学好等等；

上班了，又比工作怎么样、收入高不高、找没找对象……

大人们不敢比自己，就喜欢比孩子，但你可知道，孩子在这种比较下，有多少焦虑？若是父母总拿自家孩子的不足与别家孩子的长处相比，容易使孩子产生挫败感，不利于培养孩子的自信心。因为没有一个孩子愿意承认自己比别人差，他们希望得到大人的肯定。

家长要用一颗平常心来对待孩子暂时的不足，对孩子多一些鼓励，多一些赏识。

最好的激励方式，是让孩子和自己比，看到自己一点一滴的进步。

奇奇妈妈对此就深有体会，自从她送孩子去学画画后，奇奇妈妈就把孩子的每一张画都保存下来。每次孩子有进步了，妈妈都会在第一时间表扬孩子："画得真好。和上次比，线条更流畅了。同样是画静物，这次的上色比上次干净多了。"孩子明显感觉到了进步带来的成就感。所以每次学习，他都比之前更用心、更努力，整个人也越来越自信，画得也越来越好。

是的，让孩子跟自己过去的成绩比，只要孩子有进步，就及时鼓励孩子，让孩子看到这种进步，并逐渐建立起自信心。这才是给孩子最好的爱，对孩子最大的负责。

另外，在这个过程中，最好对孩子有适度的期待，要设置合理的目标。因为有的家长，虽然是让孩子跟自己比，可是一天就要一个大的进步或变化，孩子做不到，也是非常容易产生挫败感的。而适度的期待是可以对孩子起到激励作用的。如果努力后，孩子没能达成目标，家长可以帮助他一起分析原因，有针对性地解决问题。如果孩子达到这个目标，得到了家长的肯定，会给他带来极大的成就感，孩子还能从中体验到幸福感，有勇气去迎接更大的挑战。

其实，孩子需要的是鼓励，而不是"别人家的孩子"给予的打击。每个孩子都是独立的个体，他们的天分和学习能力是有区别的，各有长短。让孩子看到自身的努力、进步和闪光点，这才是最重要的。

当然，偶尔拿孩子来与别人家孩子进行比较，要适当地换个角度，让孩子看到别人的闪光点，并能在自身基础上，想想怎么努力自己也能有如此好的表现。不要强制去要求孩子，毕竟每个孩子都是独特的，孩子只有按照自己的规律去成长，才能获得幸福和成功。

（2）提供良好、丰富的成长环境，给予支持。

读懂孩子后，家长需要做的，便是给孩子提供良好的、丰富的环境条件。这种环境条件，其实更看重的是"软实力"，也就是让孩子体验到充沛的爱，有充足的自由玩耍时间，家长能对孩子的需求及时回应，以及每天变着花样地和孩子玩各种充满创造力的游戏。

具体来说，就是多带孩子们逛逛街、逛逛公园，鼓励他们多与同龄小伙伴或者成人交流。另外，多带孩子到博物馆、图书馆等场所，对于孩子的启蒙教育也是非常有益处的。2020年10月19日，教育部和国家文物局联合发布的《关于利用博物馆资源开展中小学教育教学的意见》中也指出，让孩子多去参观博物馆，拓宽视野和增长见识，鼓励学校多开展与博物馆相关的课程来促进教学。可以看出国家也很重视给孩子提供丰富的环境资源。

这是增加环境的社会属性，属于丰富环境的第一个要素。

第二个要素，为孩子提供更多的认知刺激，比如更多的绘本读物、更多的智力玩具，如拼图、积木等可以发挥无限想象力的东西。

要额外强调一点，不要让小孩过度地玩手机、iPad 之类的电子产品，虽然说里面也有很多智力类游戏，但是电子产品的弊端太多了，比如不能增加孩子的动手能力、不能促进孩子与其他小伙伴的交流等。

第三个要素，让孩子多锻炼身体，因为一个好的身体意味着太多东西，相反一个总是生病的身体，做什么都会受影响。研究发现，身体锻炼可以增加大脑皮层的厚度，对孩子的智力发育有很大帮助。

第四个要素，让孩子感兴趣。让孩子参与到上述活动中，非常重要的一点是，他要喜欢参与进去。

 张梅玲教授如是说

## 趣味实验

20世纪60年代,心理学家罗森茨威格和克雷奇,用小白鼠做了一系列实验,研究丰富的环境是否对小白鼠大脑有影响。

实验人员为小白鼠们设计了三种环境条件,①标准环境:有几只小白鼠在笼子里面生活,笼子的空间足够大,内有适量的水和食物;②贫乏环境:老鼠被放在单独隔离的空间里,空间略小,也有适量的水和食物;③丰富环境:6~8只老鼠生活在一个大笼子里,每天都有一组新的玩具。小白鼠们在这三种环境下分别生活4~10周,随后实验人员解剖观察小白鼠的大脑,通过对各个部分的测量、称重、分析,评价小白鼠脑部的发达水平。

结果发现,生活在丰富多彩环境下和贫乏枯竭环境下的老鼠,其大脑在很多方面都有区别。比如:

①在丰富多彩环境中生活的小白鼠的大脑皮层更重、更厚。皮层是大脑对经验做出反应的部分——负责所有感觉的输入,包括在个体行动、记忆和学习中运用到的视觉、听觉、触觉等。

②实验者用高倍显微镜发现,丰富多彩环境中生活的小白鼠大脑中的神经突触比在贫乏枯竭环境下的大50%,这也意味着它们传

递神经冲动的能力更加优秀。

③在丰富多彩环境中生活的小白鼠 RNA 和 DNA 的比值相对更高。这两种化学成分对神经元的生长起着重要作用。

**参考文献：**

罗杰·霍克.改变心理学的 40 项研究（第 7 版）[M].白学军，译.北京：人民邮电出版社，2020。

 张梅玲教授如是说

## 调查研究

动物研究的结果：

1. 丰富的环境，有助于提高认知功能，包括反应选择能力、学习能力、空间能力、问题解决能力、记忆和加工速度。

2. 降低无聊感和挫折感。

3. 在细胞和分子水平上，丰富的环境促进了神经形成、突触生成与记忆和学习有关的大脑皮层的树突密度。

4. 增加了大脑重量和皮层厚度。

人类研究的结果：

1. 丰富的环境有助于人类认知能力的提升，经常参加智力或者社交活动的老年人的认知能力下降得更慢。

2. 字词丰富的室内环境，以及成人和儿童积极的互动，有助于3~6岁孩子语言能力的发展。

3. 丰富的环境，与孩子的朋友数量以及表现出更多对社会友好的行为紧密相关。

## 第二节

## 智慧父母必修的五堂自我成长课

当读懂了时代、自己和孩子后,家长怎么做才能修炼成智慧型家长呢?需要学习什么?怎么和孩子互动?接下来,我要给大家分享智慧型家长需要学习的五堂必修课。

**第一堂课:目标**

让每个孩子成为更好的自己。当爸爸妈妈有了自己的孩子后,肯定都希望孩子比自己更成功,也都希望孩子比自己更幸福。为什么?因为幸福和成功,代表一内一外。幸福是孩子的内心感受,而成功是获取外界的认可。

什么是幸福?

如果问的是学龄前的孩子,他们可能会说:"有吃有喝有玩就是幸福。""和爸爸妈妈在一起就是幸福。""每天看会儿动画片就是幸福。""得到老师的表扬就是幸福。"还有的孩子会说"身体健康不生病就是幸福"……

你看,孩子们对幸福的理解虽然各不相同,但只要满足了他们的一个简单需要,他们就觉得幸福了。

那如果问家长:"你觉得孩子怎么样才算幸福?"你们会怎么回答?

有人可能会说:"孩子学习好,是优等生,他就幸福。""孩子要什么就给他什么,他就幸福。""给孩子报很多才艺班,他拥有的技能越多,以后过得越好,就越幸福。"也有的说"我家孩子很积极乐观,没心没肺,很幸福"……

其实很多父母也许没意识到,让孩子体验到幸福,也是需要能力的,并不是所有孩子学习好、技能多、性格好,满足他的所有需求,他就一定会感到幸福快乐。

接下来从父母的角度谈一谈,父母要怎么做,才能让孩子体验到幸福。

首先,我认为要给孩子提供温馨有爱的家庭环境。

关系和谐的家庭中长大的孩子,内心会有安全感,无忧无虑才会体会到温暖和幸福。而有的家庭,夫妻天天吵架,或者婆媳斗嘴,孩子在这样的家庭里无时无刻不在担心:"这些大人都怎么了？以后还有没有家？是不是因为我他们才吵架？"……孩子担惊受怕，会极度缺乏安全感，那么幸福自然也体会不到。

创建仪式感，可以让家庭更温馨有爱。

东东马上要上幼儿园了，他的妈妈和爸爸特意请了一天假，带孩子去照全家福。有人说，太小题大做了，多麻烦。东东的妈妈只是笑了笑，她说："这是我们为孩子创建的一个仪式感，孩子在每年中只要有大的成长或转折点，我们都会用这种方式来记录。"

之所以没有随便用手机拍，而是去专业的影楼拍，就是想给孩子一种正式而隆重的感觉，让孩子觉得他的成长又有了新突破，爸爸妈妈要陪着他一起，迎接下一段新旅程。

除了拍全家福，他们还会让孩子亲自挑选自己的小书包、需要用到的新画笔等。每次做完这些事，东东都会特别开心。仪式感，不仅是一种重视，更是一种力量。

很多家庭，不仅忽略仪式感，甚至还会破坏。比如有位妈妈，特别急功近利，孩子还没上幼儿园，就已经给孩子报了好几个早教班，每天把孩子的时间安排得非常满。有一天孩子在母亲节那天，自己精心制作了一张贺卡送给妈妈，没想到他的妈妈随便瞄了一眼,就对孩子冷言冷语:"作业都做完了吗?还有时间做这些,是不是给你的自由时间太多了,时间可不能这么浪费。"

在没有仪式感的家庭中,孩子会觉得缺乏被关注、被重视的感觉。

 张梅玲教授如是说

### 调查研究

美国亚特兰大日报社曾做过一项社会调查,结果显示,家庭传统等仪式所带给孩子的幸福感,远远胜于物质上的满足甚至是学业、事业上的成功。

仪式感所释放出的强而有力的温暖,能让孩子真正感受到家的归属感,收获满满的安全感,并充满自信。

其次,教会孩子用积极的心态去面对挫折。

孩子在成长过程中会遇到许多挫折,比如不小心摔倒了,磕碰了,被别的小朋友欺负了,自己的新玩具坏了,在幼儿

园被老师批评了，等等，这样的例子数不胜数。如果孩子用消极悲观的态度来看待和解释遇到的困难，孩子会觉得自己无能为力，抗挫力也就越来越弱。如果孩子能用积极乐观的态度来看待和解释，那么就会知道如何通过自己的努力来改善这个结果。

积极的心态，会让孩子不断地了解自己，接纳自己，喜欢自己并肯定自己。最终让孩子变得更加自信，而自信是精神强大的基础。

最后，父母要时刻尊重孩子，给孩子独立成长的空间。

这一点算是老生常谈的一个话题了，我还是想给父母们简单提几句：

比如有的家长总是嫌弃孩子磨蹭，经常催促"你快点，怎么吃饭这么慢"，其实在这个年龄，有些事孩子快不了，这是孩子的天性，请学会放慢节奏，耐心对待孩子。你的尊重会让孩子感受到父母的爱和自由，会获得温暖。

再比如给孩子报了很多兴趣班，有的不是孩子的兴趣，而是家长的兴趣，却要逼迫孩子去学。我想说，请尊重下孩子的兴趣，兴趣是最好的老师，孩子喜欢才能发挥出天赋，孩子不喜欢，即使勉强学也会很平庸。你的尊重会让孩子获得成长。

还要教会孩子尊重他人，比如插队是不尊重别人的行为，很不礼貌。你对他人的尊重，让孩子潜移默化地知道如何尊重他人，他会获得快乐。

在幸福的家庭中长大的孩子，他们身上的自信和安全感，是别人怎么都模仿不来的。

 张梅玲教授如是说

### 调查研究

美国心理协会前主席、宾夕法尼亚大学心理学教授塞利格曼的研究发现：当人们的物质水平低于温饱之下的时候，幸福指数和经济指数呈现出正相关，也就是物质越富裕，越能感觉到幸福。一旦经济水平越过了温饱，幸福指数和经济指数的相关性就越来越弱，这也就解释了很多家长的疑虑，"现在的孩子日子越来越好，为何反而不如我们以前那么开心、那么努力了？"

通过研究，他得出以下五个因素将决定一个人的幸福感受：

1. 成就感：获得成就的能力不来源于分数也不来源于名校，而来源于一个人的社会能力和精神能力。

2. 心流体验：一个人将全身心都投入到某一项事物中就能获得心流。

3. 社会责任感：帮助他人能获得直接的幸福感受。

4. 积极的人际关系：积极的亲子关系，积极的夫妻关系、朋友关系都能带来幸福。

5. 感恩：学会感激自己拥有的，而不是抱怨自己没有的或者是失去的。

接下来我们来谈谈外在的期望，如何让孩子获得成功。

什么是成功？成功并不是赢在起跑线上。在这个竞争空前激烈的年代，我知道大多数父母都有一种发自内心的焦虑感，担心孩子输在起跑线上，担心孩子将来不如别人……因此，往往会不自觉地拿孩子去和别人家的孩子比，不停地给孩子提要求，希望他们能按照自己预想的那条道路走向成功。

但人生从来都不是一场短跑比赛，唯有走得稳、跑得远才是真正的成功。

美术教育家郭绍刚表示：孩子的起跑线从来都不是学校，也不是补习班，而是家庭。一对好的父母永远都比好的学校重要，因为好的家庭才是孩子最好的起跑线。

如何打造一个好的家庭，我在上面的篇章里谈了很多。

那怎么让孩子成功呢？我的回答是：让每一个孩子成为最好的自己。

让孩子做最好的自己，成长比成功更重要。怎么让孩子做最好的自己呢？父母要做的，就是帮孩子找到自己的位置，他是一个什么性格的人、他能做什么、他不善于做什么等等。

加德纳的多元智能理论告诉我们，每个孩子的个性和思维都有自己的偏好，他们都有自己擅长的智能，我们不能按一种目标去培养，比如孩子必须都数学好、语文好，将孩子全部一刀切，这不现实。

因此，让孩子做最好的自己，你只需要做好两点：第一，放开手；第二，做好引导。有些事只能孩子自己去尝试、去做。

一只刚刚学攀爬的小熊，跟不上熊妈妈的步伐。在熊妈妈爬到坡顶之后，小熊宝宝只能自己无助地在山坡下，一次又一次地尝试。在通往坡顶的路上，它失败了很多次，但它没有放弃，而在坡顶的熊妈妈，只是静静地等待着自己孩子爬上来，等待着它跨过这个坎的那一刻。

再看看我们，在孩子成长的道路上，你是否也和熊妈妈一样呢？我只能说，有相当一部分家长没有熊妈妈做得好，因为太溺爱孩子，所以很多事情都包办替代。比如孩子早上起床，跃跃欲试要自己穿衣服穿袜子,但家长因为赶时间或者嫌孩子磨蹭,直接帮他穿戴整齐;吃饭的时候,孩子自己吃饭弄得衣服上到处都是,家长总觉得孩子吃得太少,而且还慢,于是直接喂饭喂到三四岁;看到家里来客人了,孩子也愿意将自己最好的一面展现出来,于是主动帮你端菜、端饭,家长却担心他会摔坏东西伤到自己,常常对孩子说"你别动,爸妈来";当家长在拖地的时候,孩子跑过来抢拖把想自己试试,但家长总对孩子说"别捣乱";有时下雪天,孩子都喜欢堆雪人、滚雪球,但是家长们说过最多的话是:"快回来,小心着凉。"

是的,家长太焦虑了,担心得太多了,但生活从来不是一帆风顺的,孩子们总会遇到各种各样的问题。放开手让孩子们大胆尝试探索,去一点点学会解决问题的能力,这才是正确的选择。

孩子的人生,可以引导,但不可以主导。

以下的场景大家可能会非常熟悉:孩子在安安静静地玩积木或画画,家长在旁边陪着,总是忍不住要插手来指导孩子"你不能这么搭"或"你别这么画",这种横加干涉,家长以为是在给孩子纠错,但不知不觉中破坏了孩子的专注力,还让孩子觉得非常不自由。意大利幼儿教育家蒙台梭利曾提醒家长：除非你被孩子邀请，否则永远不要去打扰孩子。

也有一些家长，见不得孩子"太闲"，总是想方设法地给孩子找各种各样的活动。其实，将孩子的时间安排得非常紧凑，不仅给孩子增加了很大压力，也容易挫伤孩子大脑的创造性。

所以，作为父母，你要做的是在恰当的时候引导孩子。平时多了解孩子，明确判断孩子什么时候需要帮助，在他需要帮助时你恰如其分地引导，对孩子来说是最可贵的。

总而言之，要想让孩子成为最好的自己，父母首先要成为最好的自己。

 张梅玲教授如是说

**趣味实验**

杂志《发育心理学》上刊登过这样一个研究：研究人员将90名幼儿园小朋友分为三组，然后进行不同的实验。

第一组小朋友可以在一堆日常的玩具中挑选出四种，然后自由玩耍。

第二组小朋友被要求模仿工作人员的行为来使用这些玩具。

第三组小朋友眼前没有玩具，只能坐在桌前凭自己的想象画出想要的东西。

过了一段时间，研究人员要求三组小朋友说出其中一种物品的使用方法。最后发现，第一组小朋友的创造性最高，是另外两组的三倍。

由此可见，有时候父母好心的教导并不能给孩子带来更大的帮助，反而可能会挫伤孩子的创造性，束缚孩子的想象力。

### 第二堂课：营造

如何给孩子营造成功的人生？这堂课我们要谈的是，孩子的成功，需要必备两大翅膀：阳光心理和学习素质。

阳光心理，简单理解就是孩子的心理健康。孩子要清楚如何认识自己、如何认识他人、如何认识今天、如何认识幸福这四个问题。

如何让孩子认识自己？

首先，是要认识自己的性别，一般是在两三岁就可以进行这个启蒙了，让孩子知道自己是男孩还是女孩，能分辨出男孩和女孩不同的特征来。

其次，到了四五岁的时候，孩子要能说出自己喜欢什么，如喜欢什么玩具、什么颜色、什么食物等等。

再次，要初步知道自己擅长什么，比如什么事情能做得特别好，什么事情不会做或害怕做不好，这也是孩子对自己的一种认识。

最后，要清楚自己喜欢跟谁玩，这是孩子初步社会化的一种发展。

以上这几点是关于如何让孩子认识自己的几个方面，平时家长在与孩子的交流中就可以基于这些问题多与孩子互动。

如何让孩子认识他人？

我给大家一个建议，组织家庭聚会，这种形式非常适合让孩子认识他人。具体怎么操作呢？

第一种形式，组织一个家庭聚会，让每个家庭成员介绍自己，说说自己喜欢什么，比如喜欢打球、喜欢看书、喜欢吃好吃的，可以说得详细具体一些。每个人在介绍自己的时候，实际上就是让孩子在认识他人，他能了解到每个人的喜好和特点等。

第二种形式，可以做一个"夸夸自己说说别人"的家庭活动。每个家庭成员夸夸自己哪里做得好，再说说别人在他眼中是什么样子的。这样的活动既能让孩子认识他人，又能让孩子夸自己的时候，加深对自己的认识。

如何让孩子认识今天？

利用照片帮助孩子认识。家长平时可以有意识地将家人在生活中的变化拍成照片后洗印出来。等孩子大点的时候，可以一同翻看相册，此时家长可以给孩子介绍以前的家是什么样子的，在哪儿住；现在的家又是什么样子，发生了什么变化。引导孩子观察照片中的一些时代变化的细节，加强对今天的认识。

除了照片外，平时生活中的巨大变化家长都可以告知孩子：比如以前我们只能坐绿皮火车，从哪儿去哪儿需要二十几个小时，如今大家坐的都是高铁，只需要三四个小时就能到达；原来我们寄包裹，要等好多天，现在都是快递，一两天就到了；现在的外卖很方便，若是以前，家里做饭的人不在，大家都不知道怎么吃饭，现在可以在网上点餐；你再看现在去超市或商场，结账的时候只需要出示一下手机就可以，又快又便捷，以前出门一定要带钱包，还老担心钱包被偷⋯⋯这就是今天的社会发展。其实，认识今天和认识幸福息息相关。

如何让孩子认识幸福？

从家庭中的点滴就可以让孩子感受到。比如平等对待和尊重孩子，有些事跟孩子商量，让他觉得自己有一定的决策权；给孩子买东西时，让孩子自由挑选自己喜欢的玩具；经常带孩子外出旅游，他也能感觉到开心快乐，还能增长孩子的见识等。这些生活中给予孩子的爱，让孩子时时刻刻感知到幸福，同时要注重感恩教育的启蒙。

认识自己，是为了让孩子管理自己，只有管理好自己才能做好自我教育。自我教育在今天的教育中是最理想的一种教育方式。

认识他人，是让孩子以后有团队合作的精神。现在这个社会就是个地球村，与他人的交往是非常重要的一种能力。交往是认识他人的一个基础，孩子要能理解他人，有同理心，才能更好地生活在这个社会中。

认识今天，是因为只有让孩子懂得今天是美好的，才能有对明天的憧憬。

认识幸福，是为了让孩子喜欢自己的家，喜欢自己居住的环境，孩子觉得自己幸福了，才能更加喜欢这个国家。

学习素质，指的是孩子懂得如何学习的智慧。

身体有身体素质,科研有科研素质,学习当然肯定有学习素质。对孩子来说,学习不是说考 100 分就完了,也不是说能考 100 分就代表孩子拥有了学习智慧。在 21 世纪这个终生教育的体制下,面对崭新的学习型社会,我们要给孩子的是一生的学习素质,让孩子能带着走的学习素质。

学习素质包括六大系统,分别是认识系统、驱动系统、智能系统、操作系统、元认知系统和资源管理系统。下面我从学习素质的角度来谈谈这六大学习系统。

学习的第一层系统——认识系统。

对孩子来说,他的认识系统,要经历三个转化。

第一个转化是知识上的转化,从不知道到知道。比如我们的孩子在两三岁时,会告诉妈妈说"水开了",慢慢地他的语言会从日常的生活经验上升到"水烧开到 100 摄氏度了",再到"都蒸发成气体了"这种科学的语言。这是孩子知识方面的发展。

第二个转化是情感上的转化,从"让我学"到"我要学"。如果你问孩子"为什么要学习",他可能说"是妈妈让我学的""是爸爸让我学的",或者"是幼儿园老师让我学的",慢慢转化到他说"是我自己要学的",这是根本性的转化。

这个转化在21世纪格外重要，如果这个转化不能完成，虽然孩子同样可以生活、工作，但是他会很累。我们现在讲究生活品位、生活质量，讲究和谐、幸福，然而只有稳定的快乐才叫幸福，这种稳定的快乐来源于孩子的学习是为了满足自己。

第三个转化是能力上的转化，从学会到会学。爸爸妈妈不能跟着孩子一辈子，从幼儿园开始，到小学再到初中、高中等，随着孩子的长大，他以后更多的是要靠自己。但是爸爸妈妈对孩子来说，是第一任老师，也是孩子一辈子的老师。学校可以毕业，而家庭是永远不会毕业的学校。因此爸爸妈妈如果爱自己的孩子，要让孩子从学会到会学，这才是对孩子智慧的爱。

学习的第二层系统——驱动系统。

孩子的一生很长，应该往哪儿走、如何走，方向很重要。这个方向以及方向产生的动力就是孩子的驱动系统。

孩子刚学会走路时，偶尔摔倒、磕碰，都是必经的学习过程。爸爸妈妈并不能永远为他挡着，也不是简简单单地孩子摔倒了就把他扶起来，而是要告诉他"孩子，请你勇敢一点，自己起来，你要自信地渡过每一个难关"。当孩子有困难、遇到挫折的时候，大人需要及时给孩子引导和协助，这就是你能给到他的家庭教育。若是孩子的路走歪了，如养成了各种坏习惯，你需要严肃地告诉他："孩子你错了，请你这样改正。"

整个过程中，孩子的学习走向、人生定位都需要家长一步步地指导，并且要让孩子感到有兴趣，他才会愿意坚持。

学习的第三层系统——智能系统。

孩子的观察、注意、表达和想象等能力，都是学习最基本的能力。要想学好，除了这些基本能力外，思维的培养格外重要。因为孩子如何看待这个世界、他的思考过程是怎样的，这些是孩子区别于他人的关键因素。

学习的第四层系统——操作系统。

操作系统，指孩子的学习策略和学习方法。现在有很多孩子觉得学习负担很重，其实大部分老师布置的作业并不多，为什么孩子会觉得负担重呢？一个是学习方法不对，另一个就是学习习惯不好。

一个妈妈告诉我，她儿子做作业时，经常离开书桌。本来半个小时可以完成的作业，每次都要拖延很长时间才能完成。这就是典型的学习习惯不好。

我以前给高三的孩子们讲有关高考的问题时，我问他们："你们平时怎么做作业？"很多孩子会说"把本子打开，老师让做什么就做什么，就这样还做不完"，但这是个不对的策略。更好的策略应该是首先回忆一下老师讲的重点内容，然后对于自己还未掌握透的重、难点内容，在作业中进行攻克。

你看，不管是学习方法还是学习习惯，有的孩子到了高中都还没有掌握和养成，这也显示出家庭教育中的问题，父母没有重视学习策略这部分的教育。当然学习策略比较宽泛，在第三章的思维培养部分，尤其讲到如何解决问题时，家长们可以多参考看看，在日常生活中怎么有意识地让孩子去动脑思考。

学习的第五层系统——元认知系统。

元认知系统，是 20 世纪 70 年代提出来的理论。在认知前面加了一个前缀，元认知也就是对认知的认知，说起来比较抽象，其实就是能意识到思考的过程、能反思自己所用的方法、感觉偏离目标了能随时调整计划等。元认知系统，在学习过程中是非常重要的，它可以让孩子从以前的学习中发现不足、及时改进，从而提高学习效率。

3~6岁的孩子，正在快速发展他们的认知能力，大约在五六岁的时候开始有了元认知发展的萌芽。

学习的第六层系统——资源管理系统。

资源管理，是利用身边的资源，比如人、工具等，解决自身遇到的问题。比如遇到了问题，该怎么办呢？找谁来帮忙呢？没人在身边时，还有哪些东西能帮助自己呢？孩子的这一系列思考过程，其实就是他的资源管理系统。

以上所讲的六大学习系统，父母有些感知就好，当你自己慢慢有了这些知识，才能在家庭中恰当地利用起来，或者在家校沟通时能够知道如何配合老师去帮助孩子成长和发展。

我们常说，要给孩子能带着走的学习素质，不要认为仅仅让孩子学习知识就够了，家长们也一起跟着孩子学习吧。

## 第三堂课：建构

我们的家长要让孩子赢在终点线上，那么就要给孩子建构三个世界。

第一个世界，建构完整的精神世界。

这个精神世界，需要让孩子懂得真爱、诚信、自信和责任等。我想让家长给孩子讲一讲张定宇院长的故事。结合当今时代的英雄人物，让孩子了解精神世界的伟大。

当2020年新型冠状病毒侵袭武汉时，金银潭医院的张定宇院长，时年57岁，身患渐冻症，却顽强抗争在一线，三个多月里几乎是不眠不休。

渐冻症，就好像人被渐渐"冻"住，直至身体僵硬、失去生命。更重要的是，这种病无法医治，当时张定宇院长可能只剩下六七年的寿命了，他的生命有了时间的限制。但是在这场与疫情的战斗中，他说："我的时间不多了，在这最后的日子里，我必须跑得更快，才能跑赢时间；我必须跑得更快，才能抢回更多患者；我必须跑得更快，才能和大家一起，跑出病毒的魔掌。现在，形势万分危急。我们要用自己的生命，保卫武汉！"

是的，正因为他的生命时间太短了，所以他没有选择让自己停下来安享生活，而是争分夺秒去挽救更多的生命，这样他的生命也才更有意义。这就是张定宇院长的精神世界，饱满而又积极。

这样一位施恩于人、充满大爱的白衣卫士，却总把"感恩"二字挂在嘴边。

疫情还没发生前，有空的时候，张定宇院长会去徒步，他说：

"我很珍惜还能走路的时间。"

疫情开始后,他说:"很感激解放军医疗队的分担,让我这两天凌晨一点就能躺下,之前有时候得扛到三四点才能睡。"

"我爱人虽然感染了病毒,但是很幸运,服用药后有效果,我很感恩。"

"这样的疫情和灾难,无论发生在其他任何一个国家,后果都不可想象。我很感恩,当我们为了抢救病人不顾一切时,背后支撑我们的是整个中国。"

白衣战士是挽救生命的,而我们父母是要点燃生命的。

我想重点强调真爱的教育,也就是孩子能不能接受别人给他的爱、懂不懂得感恩、自己会不会付出爱。

爸爸妈妈给孩子的爱是不求回报的、无私的,但是为了孩子的教育,家长需要让孩子懂得回报。我们提倡感恩教育,既要让家长给予孩子爱,也要让孩子懂得感恩,有所付出。如果家长给予孩子过多的保护和宠溺,不求回报,这可能会毁了孩子的未来,因为你不知道他的未来到底会变成什么样子。

那么该如何在家庭的生活点滴中让孩子懂得感恩呢?有两个小妙招,很容易做到的。

（1）在家庭中相互感恩。

比如在孩子很小的时候，全家人可以约定好——无论谁为家庭做出了贡献，或者对谁多付出了一些，其他人都要正式地表达感谢。比如周末妈妈做一顿大餐，吃饭之前，爸爸要带着孩子一起说："妈妈辛苦了，谢谢妈妈为我们准备的周末大餐，太丰盛了。"

再比如爸爸给女儿买了一件漂亮的裙子，妈妈要教女儿对爸爸说："谢谢爸爸送给我这么漂亮的裙子，穿上爸爸送的裙子，我更漂亮了。"

还有全家人一起外出游玩，结束的时候，也可以相互感恩一下，孩子说："谢谢爸爸妈妈带我出来玩。"妈妈说："谢谢爸爸在旅途中对我们的照顾，谢谢宝贝在旅途中带给我的欢乐。"爸爸说："能陪着你们出来旅行，我好开心，谢谢。"

其实相互表达感谢的时候，并不是为了那一句"谢谢"，而是引导孩子看到别人为自己做的事情，同时明白自己能为别人做什么事情。

（2）父母要坦然接受孩子的感恩。

可能是中国传统习惯的原因，父母总是愿意做那种只讲付出不求回报的人。

比如：孩子拿着小饼干给妈妈吃，妈妈会说："不用了，妈妈不吃，都留给宝贝吃。"孩子对妈妈说："谢谢。"妈妈心里可能乐开了花，嘴上却说："宝贝不用谢，这是妈妈应该做的。"

久而久之，孩子自然也不会对爸妈表达感谢了，觉得这是爸妈应该做的。

所以第二个小妙招就是，建议各位爸爸妈妈，当孩子对你表达感谢的时候，一定要坦然接受，最好的回应是表达出自己当下的感受。比如孩子说："妈妈，谢谢你给我买了一个小书包。"妈妈可以回应："收到你的感谢了，宝贝真有礼貌，妈妈也很开心。"这种回应方式可以促进孩子更懂得感恩。

第二个世界，建构智慧的知识世界。

孩子的学习要有智慧，学完的知识要会活学活用，而不是成了书呆子。如何学知识、长智慧？也就是要重点培养孩子发现问题、提出问题、分析问题和解决问题的思维方式。

教学不仅仅是学校老师的义务，也非常需要家庭教育的参与。现状是，孩子们在学校期间所获得的很多知识是脆弱的，为什么这么说？因为大多数孩子并没有真正理解所学的知识，他们只是肤浅地掌握了这些知识。

那如何给孩子构建智慧的知识世界？我们可以参考一下哈佛大学的"零点研究"项目以及很多著名学者的观点，他们对"孩子如何理解这个世界"提出的四个维度，可以给大家一些新的启示：一是能不能建立起知识间的联系，二是能不能做出判断以及新的探索，三是能不能运用知识，四是能不能用多种形式表达出来。

比如，孩子在学习的时候，不仅仅要知道"是什么"，还要让他多去理解"为什么"和"怎么样"这类知识。对于3~6岁的孩子来说，他们正是好奇心发展的巅峰时期，可能无时无刻不在问为什么。父母要做好的就是保护好孩子的好奇心，耐心回答孩子的问题，并随时延伸到"怎么样"类的问题。

再比如，孩子认为自己学会了一个概念或理解了一个知识点，父母可以说"你可以举个例子说明吗？"或者"请你用自己的话来说一遍"，这也利于孩子更深刻地理解这些知识。

生活中我们可以做的很多很多。如果你发现，怎么教孩子都学不会，先问问自己，这样教孩子究竟能不能真正学会，或者再退一步，你自己到底有没有真正学会？

第三个世界，建构完美的生活世界。

我们要让孩子从小懂得，爸爸妈妈给他生命是不容易的，只有珍惜生命才能保护生命。一个珍惜生命、保护生命的孩子，将来才能超越生命。

**第四堂课：处理**

这堂课我们主要讲要处理好亲子关系，这是父母进行家庭教育的一个主要基础。

2011年的春节联欢晚会上，大家还记得《爱我你就抱抱我》这首歌吗？爸爸妈妈，如果你们爱我，就多多地抱抱我、陪陪我、亲亲我、夸夸我……歌词里可没有说"你就教教我"。

曾有一个留守孩子，给在外务工的爸爸写了一封信，信上说："爸爸回来吧，哪怕你每天打我，我也想你回来。"

以上两个例子可以得出，父母在家庭教育中要处理好以下四层关系，才能建立良好的亲子关系。

第一层，父母要处理好有声教育和无声教育的关系。

孩子还小，在他的成长过程中，需要有声教育，因为他不知道怎么做是对的、怎么做是错的，需要家长和老师不停地指导。

但我们也要重视无声教育。润物细无声，无声教育对孩子所产生的影响是无法估量的。所以，如何给孩子建立一个温馨的家，这对我们培养孩子非常重要。

现在，国家倡导爱国、创造、宽容、厚德。是的，我们的爸爸妈妈对孩子的爱为什么不能宽容一点儿？夫妻之间为什么不能宽容一点儿？若是都想着要改造对方，家庭肯定不会和谐。

1973年，美国心理学家戴维·麦克利兰提出了一个个人素质的冰山模型。冰山有看得见的部分，也有看不见的部分。看得见的是知识技能，看不见的是人对自己的认识、情感、意识和价值观。冰山上面是靠冰山下面支撑的，所以我们在孩子的教育中，既要重视看得见的，也要重视看不见的。虽然有些看不见，但它们在支撑着看得见的部分。这恰好对应我上面讲到的有声教育和无声教育。

第二层，父母必须要处理好听和说的关系。

我国的老师以及父母，都习惯于"说"得比较多，"听"得比较少。这里的"听"，并不是一个听觉问题，而是指"听"是一种尊重，是一种爱。我们对孩子的爱要有理念、有情感。

父母的"听"对孩子很重要。听听孩子怎么说,听听孩子的想法和你的想法是否一致,这样孩子更容易感受、体验到父母的情感及爱。

一个7岁半的小女孩给一个小报写了一首诗《童心》,其中有一句:"妈妈还给我吧,我的画笔,我的玩具!"

孩子为什么要对妈妈说"妈妈还给我吧"?因为这位妈妈,把孩子的爱好都锁进了抽屉里,怕画画、玩游戏耽误孩子的读书、写字。这是爱吗?我想这个爱可能要画个问号,她表现出来的不是爱,尽管她心里想爱。

我还遇到过一个事情。一个春天,桃花都开了,一个很时尚的母亲,带着一个小男孩看桃花。看完桃花后,回家的路上,他们特别渴,但包里没有装水,里面只有两个苹果。

妈妈想看看儿子有没有孝心,便说:"儿子,你说咱们这两个苹果怎么吃啊?"

儿子说:"两个苹果我都咬一口。"

妈妈一听,立马要生气地批评儿子,后来转念一想,先听听他的理由,于是问:"你为什么要在两个苹果上都咬一口呢?"

儿子说:"我两个苹果都咬一口,看看哪个苹果甜,我要把甜的那个苹果给妈妈。"

若是这位妈妈没有理智地听孩子的理由,而是直接批评孩子,那她就不会知道孩子对她的爱。所以家长不要拿自己的想法想孩子,尤其不要冤枉孩子。

引导孩子多说话,父母要少说多听,尤其不要总是说"不许""不能"这样的话,孩子总是被限制或压制的话,要不就是被这一连串的"不"压得缩手缩脚,什么话也不敢说了;要不就是像打乒乓球一样,把这些"不"给你一个个打回去,来暴力对抗。最好的方式就是,让孩子多说,你对他的尊重,才会加强亲子沟通的质量。

当孩子表达伤心时,会一直哇哇大哭,家长可能立马就会说:"哭什么哭,这有什么值得哭的。"其实我们要做的是帮助孩子面对他们的感受,家长可以这样说:"我知道你丢了喜欢的玩具,这真是一件让人难过的事情,如果我喜欢的东西丢了,我也会难过的。"这样的话能让孩子感受到你对他的理解和接纳。

比如鼓励孩子和我们合作时,不要直接用命令或指责的语气。当想让孩子帮忙做家务时,很多家长张口就来"你从来都不帮我干一点家务活儿,就知道玩"。不如改成"宝贝,我现在需要有人帮我收拾一下餐桌,你可以帮忙做吗"?你看,换种说法，孩子可能就会听从妈妈的指示，也明确知道自己要干什么。

第三层，父母要处理好有为和无为的关系。

家长要有点演技，平时在与孩子的游戏和互动中，装得笨一点儿，从而让孩子更有为。

孩子累积的成功经验越多，他越有自信，也更愿意让父母参与进来，以后遇到困境能坚持的时间也更长。

 张梅玲教授如是说

### 趣味实验

著名心理学家马丁·塞利格曼曾做过一个有趣的小白鼠游泳实验：

将一批小白鼠分成两组，第一组被放在一个盛满不透明液体的池里，池里有一座小岛，但被淹没在液体下面，小白鼠们看不见。小白鼠们就拼命游泳，直到发现已经游到了小岛上，才可以休息而且没有性命之忧。第二组也被放在不透明液体的池里，但是里面没

有小岛，小白鼠们拼命游泳直到筋疲力尽。

然后，两组小白鼠被放在同一个池里，没有小岛。结果第一组小鼠满怀着找到小岛的希望，坚持游泳的时间是第二组的两倍，而从来没有见过小岛的小白鼠们很快就放弃了努力，停止了游泳。

这个实验说明，如果曾有过通过努力得到成功的经验，我们就能培养自己乐观自信的精神，面对困境就能坚持得更久。

第四层，父母要处理好起跑线跟终点线的关系。

起跑线和终点线，最主要的就是父母要转变心态，让孩子赢在终点线上。

一位名牌大学毕业的妈妈，36岁时生了儿子，特别宝贝，一生下来就用两种语言跟他说话，给孩子的一切都是最好的。

这个孩子在幼儿园时表现很好，在一年级时学习也是领先的，但是到三四年级就开始落后了，甚至在班里倒数第一。

这是为什么呢？因为在他小时候，妈妈给的都是知识性的启蒙，让孩子提前学了很多超过他年龄的知识，所以在前期似乎是起到了作用，孩子比其他人表现得更优秀。但也恰好是因为孩子早早学了别人不知道的知识，让这个孩子和其他小伙伴玩不到一块儿，他越来越不合群。大了一点儿后，由于很多知识都学过了，在学校时注意力越发不集中，对学习的内容不感兴趣，因此成绩越来越下滑。孩子越来越孤僻，心里也开始抑郁。这种恶性循环，不可能带来优秀的成绩。

类似的案例很多，看似孩子学得早，起跑得快，后面却逐渐落后，变慢了。所以父母要思考的是，起跑线究竟起跑的是什么？我们应该给孩子什么？如何处理好快和慢的关系。

**第五堂课：给予**

父母要给孩子五把金钥匙：健康的体魄、快乐的心态、良好的习惯、灵活的思维和多彩的舞台，为孩子一生的健康、快乐和幸福打下基础。这五把金钥匙主要是教家长如何做老师做不到的。

**第一把金钥匙——健康的体魄**

没有健康的体魄，就没有美好的未来，这是家长都明白的道理。但不能狭隘地认为，孩子没病就是健康。有太多的家庭，给孩子报各种各样的补习班，结果似乎"补"高了成绩，却"补"坏了身体。如孩子很小就近视了，孩子一运动就大喘气，等等。

所以请家长送给孩子的第一把金钥匙就是健康的体魄。除了给孩子充足的营养外，还应该帮助孩子养成规律的作息时间，帮助孩子学会"劳逸结合"的学习方法。

拿记忆来举例：一天24个小时，我们每个人时时刻刻都在记忆。但记忆是有最佳时间的，并不是所有时段的记忆效果都一样。一般有四个最佳记忆时间，分别是：睡觉醒来的一个小时、8：00—10：00、18：00—20：00、睡前一个小时。家长可以做的就是充分利用孩子的睡眠和记忆规律来强化记忆力。比如将孩子记不住的一些字词或单词等做成小卡片，临睡前复习一下，醒来后再让孩子看一遍，再难记的东西经过三个早晚，也能记住了。像这样充分利用早晚两个最佳时间，老师是做不到的。

除了利用睡眠和记忆规律来补短、强化记忆力外，还需要注意让孩子加强锻炼，增强身体素质。比如可以在家里定一些家规，让运动变成习惯。

我们小区8楼的一家住户所用的策略就非常好。他们规定每人每天都要做半小时的有氧运动。如果哪天谁偷懒没做，对不起，不能坐电梯，这一天的上下楼只能爬楼梯了。

**第二把金钥匙——快乐的心态**

身体健康是最重要的，但心灵的健康也不可忽视。现在的教育确实存在一些缺陷，可能让孩子无法快乐地学习。因此需要家长尽可能地多给孩子一点快乐。想让孩子快乐，首先要研究一下，孩子的快乐来自哪里？从心理学的角度来看，快乐就是满足孩子的合理需要。

孩子的需要一般有以下四类：

（1）认同归属的需要。

这类需要怎么满足呢？不管在家里还是在幼儿园，要试着让孩子做他能做的事，也要让他学会承担应担的责任。

比如，家里要买一件大家都会使用到的东西，像烤箱、绘本架或一套餐具等，可以开家庭会议，让孩子参与进来，或适当听听孩子的意见，他会感到自己很重要，属于这个家中的一员。

再比如，做饭的时候，规定每个人都可以帮着做自己力所能及的事情，如爸爸炒菜，妈妈刷碗，孩子可以帮忙拿一下碗筷。这样可以达到两个目的：一个是让孩子觉得他是家里的成员，对家有认同和归属感；另一个就是在孩子做这件事情的过程中，培养他的责任心。

（2）成功的需要。

这类需要怎么满足呢？很简单，多给孩子自我展示的空间。

如果家里有条件，可以在家里设置一个成果展示角，专门用来展示孩子的各种作品。比如孩子非常喜欢画画，可以给他划定一个角落，在这里他可以随意涂画。孩子的创意是无限的，所以要给孩子充分的自由空间，不要限制和打扰他。先让他画，再让他表达自己画的是什么，再帮他一起给画命名，然后贴在展示区。

（3）选择的需要。

减少对孩子的命令，让他有选择的自由。让孩子选择也是有技巧的，如妈妈问："宝贝，今天的菜有胡萝卜，你吃不吃呀？"孩子说："不吃！"你就没有一点回旋的余地。可以给孩子几个选择："今天的菜很丰富，你是想吃胡萝卜、土豆，还是小白菜呢？"这时孩子说不吃的可能性就小。再比如问："先玩20分钟再洗澡，还是先洗澡再玩呀？"反正洗澡总会做的，就比问"现在洗不洗澡"要好得多。这种带有选择性的问法，使孩子得到了选择的自由。

（4）爱的需要。

孩子都需要被爱，在这里我要强调，也要让孩子懂得爱别人，懂得付出爱。爱是双向的。生活中，每个爸爸妈妈都爱自己的孩子，但有时得不到孩子的理解。你可以看看下面这几条，是否冠上了爱之名，表现出来的是这样：

① 对孩子的要求和期望过高：给孩子报很多他并不喜欢的兴趣班，表现不好就各种批评，比赛让孩子力争第一，等等。

② 总和别的孩子比，把孩子变成面子：口头禅就是"你看看谁家的孩子，怎么人家的孩子就能表现这么好？"等等。

③ 用孩子来弥补自己的不足。

有一位妈妈来向我咨询，她的儿子已经8岁了，她给孩子报了小提琴班，但是孩子不愿意学，总是故意破坏琴。这位妈妈很焦虑，我问她："孩子既然不愿意学，为什么一定要让他学呢？"这位妈妈说："钱都交了，不学不就浪费了吗？"我觉得她没有说出真正的原因。后来在引导下，这位妈妈说，因为她学的是建筑，孩子爸爸学的是化工，他们家没有一点儿艺术细胞，所以就想让儿子弥补家里的不足。

④ 对孩子管控太多：感觉不管孩子，孩子就一定会走上歪路。

一个刚上小学的小男孩，向妈妈提出两个问题："妈妈，小孩子生下来为什么就是孩子，而不是大人？""外面有没有能换妈妈的商店呀？"这个孩子之所以这么问，是因为他的妈妈整天管着他，孩子没有自由，压力非常大。所以才会想着，如果他是大人就好了，就不用被妈妈管了。

合理地满足孩子的需要，帮助孩子建立积极快乐的心态，并非要满足孩子的每个要求。在这个过程中，还需要父母做到亲情和友情并存、情感和理智兼具。让孩子有快乐的心态，快乐地去做一件事，不仅做得效率高，还有益于身心健康。当孩子提出了不合理的要求时，家长要怎么做？建议不要立马否定孩子，可以尝试从另一个角度来向孩子解释，可以用"虽然……但是……"来回答。比如孩子在天冷的时候提出想吃冰激凌，你可以说"虽然冰激凌很好吃，但现在天冷了，吃了会着凉生病的"。这样一方面肯定了孩子的建议，另一方面也让孩子认识到，自己的想法未必都是正确的。对于孩子不合理的要求，要做好引导。

孩子在不同的年龄段,表现是不一样的,你要充分利用孩子不同成长时期的特点来进行教育。比如,2岁到2岁半这个阶段,孩子可能特别喜欢帮别人做事;到了四五岁就很勉强了;再大一点,或许就得大人求着他做事了。

父母要善于在生活当中、自然当中对孩子进行引导和教育,让孩子保有快乐的心态进行学习。这个过程中,不需要家长讲太多的为什么,孩子会自然而然地体验到这些道理和知识。

说说我外孙女小时候的故事。在她大约2岁半的时候,小姑娘的心理特点就是特别愿意表现,要显示出自己很能干,所以她很爱帮助我们大人做事情。有一次我买了一些鸡蛋回来,她说:"外婆,我帮你把鸡蛋放冰箱里吧。"我马上就表扬她:"不简单,你都能帮外婆做事情了。"其实我的夸奖是想让孩子感觉出她长大了。

接下来在放鸡蛋的过程中,我加入了思维启蒙。她拿一个鸡蛋,我就数一下,一个、两个、三个……这就是数数;然后让她把每一个鸡蛋放入专门盛鸡蛋的小格子里,这就是一一对应;另外在数数的过程中,我也会说这是第四个了、这是第五个了,引入序数的概念……

你看，简简单单的放鸡蛋的过程，就可以对孩子进行思维启蒙，孩子很容易就能有这些数学概念。

当她在放第六个鸡蛋的时候，不小心掉在了地上。可能有的家长就会说："瞧你，不让你放你非要放。"若是这样说了，以后小孩可能就不敢帮你做事情了。其实那个时候孩子自己已经害怕了，我对她说："没关系的。"让她从小懂得一个道理：做错事了可以改，没关系，人哪能不犯错误，这就是做人一生的道理。但是之后我会告诉孩子，为什么鸡蛋会掉到地上，下次应该怎么拿，以及现在要怎么处理，这就是学习了。

我说："现在鸡蛋掉在了地上，应该擦干净，你来想办法吧。"这就是责任心的培养，让她去解决这个问题。结果她拿了练习本的纸，越擦反而面积越大。

后来我说："怎么回事呢，让你擦干净，怎么越擦越脏了？看来这个纸不行。"实际上这是告诉她，要解决一个问题，要选择一件合适的工具。后来她又去拿了一块抹布，擦得也不是很好。

我又一次引导说："你想想，拿纸擦不是很好，抹布也不是很好，还能用什么擦呢？"如果她想到了，大人应该鼓励，如果想不到，大人可以直接告诉她"因为这个鸡蛋比较滑，可以用餐巾纸来试试，因为那种纸非常吸水"。

通过生活中的这件事情，我们培养了孩子数数、一一对应、序数等概念；还有一个责任心的问题，掉地上了就要擦干净；同时让孩子知道了要自己去解决问题，而解决问题需要合适的工具及合适的方法。

俗话说"失败是美丽的"，家长不要急着告诉孩子怎么做，先给他失败的机会，下一次才会成功。

**第三把金钥匙——良好的习惯**

在家庭教育中，好习惯成就好人生。尤其在3~6岁，是培养孩子习惯的敏感期，一个好习惯会让孩子终身受益。一个好习惯的初步形成需要三周，真正形成需要三个月。

习惯的养成有个步骤"被动—主动—自动"，因为小孩子总是很难听得进大人们讲的道理，所以也不必费劲去跟孩子解释好习惯的作用。执行的时候按照这三点进行即可：一是向孩子提出好习惯的养成要求，说明为什么这么做，同时进行训练；二是进行激励与强化；三是向孩子表达欣赏。

那么重点培养孩子哪方面的习惯呢？我建议分三个维度：做人方面，让孩子懂得爱和责任；做事方面，给孩子制定相应的规则，并能坚持；学习方面，要引导孩子学会自主学习，并能创新。

具体应该怎么做呢？

做人、做事方面，我前面讲得比较多了，以下重点说说孩子学习方面。

激发孩子学习的兴趣：有的故事，可留着结局不讲，告诉孩子，你要认字了自己就能看懂了，激发孩子识字的需求；在做英语启蒙的过程中，孩子能说几句英语了，可以给孩子看原版的图画书或动画片，激发孩子学英语的需求。

培养孩子自主思考：在讲故事时，可以随时问一些假设类的问题"如果你是小白兔，你会怎么说呢？"鼓励孩子创编故事。

重视多元思维培养：如在第三章计数部分给大家分享过，将3+4等于几变换成几加几等于7，就可以启蒙孩子多元的思维方式。

**第四把金钥匙——灵活的思维**

很多家长总喜欢用"正确"的模式来教育孩子，我更建议大家，看事情、看问题千万不要绝对。培养孩子灵活的思维方式，会有意想不到的成功。

其实，孩子的思维方式，大都比家长更灵活，看问题也更全面、更创新，因为他们还未形成思维定式。对于孩子来说，天不一定是蓝色的、月亮上也并非住着玉兔、大鱼不一定非得吃小鱼……灵活的思维方式对孩子未来的成功起着关键作用。

所以家长们不要约束孩子的"奇思妙想"，比如在讲故事时，不需要一气呵成，可以晚点揭露谜底，中间让孩子多提问，给孩子更多时间去天马行空地思考，让他为自己创造出多个选项来。

在培养孩子灵活思维的过程中，家长更需要关注孩子的学习过程，而不是学习结果。

我之前在北海幼儿园做过一个实验，看看孩子们在3+4=7这个问题上，分别有什么策略，从而可反映出每个孩子不同的思维水平。我问了4个5岁半的大班小孩3+4等于几，他们都会回答"等于7"。然后我再深入地问："7是如何得来的？"

第一个小朋友说："因为7可以分为3和4，所以3+4=7。"这是在数分解水平上得到7。

第二个小朋友不会计算，但他知道3块糖加4块糖是7块糖。这是在表象基础上得出7。

第三个小朋友先伸出3根手指，再往上加4、5、6、7，这就是在半直观水平上解决问题。

第四个小朋友则伸出双手,一只手3根手指,一只手4根手指,再从左数到右,这是在全直观水平上的数数。

这个例子充分说明,四个小朋友虽然解决问题的结果相同,但思维方式和水平不同,所以家长的教育,就必须引导孩子在原有的水平上提高。

**第五把金钥匙——多彩的舞台**

给孩子一个多彩的舞台,顺其自然地让孩子选择自己未来的方向,这就是家长要送给孩子的第五把金钥匙。

每个孩子都是聪明的孩子,只是天赋表现在不同方面而已。爸爸妈妈能做什么呢?就是给孩子多一点儿的舞台,让孩子展示的面多一点儿、空间多一点儿。鼓励他尽可能多地去参加各方面的活动,孩子可能并不知道自己喜欢什么,每个方面都可以让他学一些,家长要做的就是为孩子创造条件,让孩子有更多尝试的机会。在这个过程中,锻炼孩子各方面的能力,找到孩子的优势是什么,也帮助他发现在哪些方面存在不足,多多提高。

比如，幼儿园有唱歌比赛、绘画比赛或讲故事比赛等活动，鼓励孩子去参加，不在于拿不拿名次，而是让孩子什么都试试。这不仅可以让他们多接触新鲜事物，培养他们的兴趣，还能慢慢发现孩子们潜在的才能。因为小孩还没有固定的喜好，舞台多一点，也许会发现孩子特别善于演讲、特别爱跳舞，又或者很有绘画天赋。

当孩子参加了唱歌比赛，家长可能才知道，原来自己女儿（儿子）唱歌的节奏感很不错。当然，除了比赛，在日常生活中，也可以发现孩子潜在的才能，带孩子逛商场，让孩子自己挑选与搭配衣服，就能发现他的审美能力与造型能力；让孩子自己整理房间，就能发现他的条理性与秩序感，等等。

因为孩子的潜能需要挖掘，所以挖掘的关键就是多给孩子展示的舞台。

爸爸妈妈首先要了解自己的孩子，给他舞台，发现孩子的优势和劣势分别是什么。孩子还处于不断发展中，所以对于孩子的优势要保护起来，而对于孩子的劣势，要帮助他改善，让孩子全面发展。

## 第三节
## 用好五面镜子，育儿更轻松

我们总说"父母是孩子的榜样，孩子是父母的镜子"。每个孩子都是一件待雕琢的艺术品，未来能否光彩瞩目，关键在于父母的家庭教育。养育孩子非常不容易，家长可以用好以下五面镜子，每一面镜子都代表了一种教育准则，帮助孩子开启美好人生，也让你的育儿之路更加轻松。

**放大镜：放大孩子的优点**

很多家长很擅长用放大镜观察孩子，只不过观察的方向错了，总是放大孩子的缺点，却看不到孩子的优点。其实孩子最初的安全感和自信心都是从父母的鼓励和表扬中得来的。

父母要善于捕捉孩子身上的闪光点，用发展的眼光看待，孩子有了好的表现，父母应立刻给予鼓励与肯定。因为每个孩子都潜藏着独特的天赋，这种天赋就像金矿一样，可能暂时被埋藏了，需要你去发掘。

**望远镜：放远孩子的前途**

"怎么教了半天还不会？""刚给你讲过就忘了？"……不少家长纠结于孩子在某一刻的表现。从发展心理学的角度看，每个孩子都在不断成长，尤其 3~6 岁时，成长的速度非常快。

父母要用望远镜看得长远些，高瞻远瞩地看待孩子的成长过程。在"望远镜"的目光中，孩子就会感到一种信任。有了信任，孩子才能像朋友一样对你倾诉；有了信任，孩子才会在第一时间敞开心扉向你求助；有了信任，孩子才会把你的期待记在心上，并且化为动力。

**平面镜：平等地对待孩子**

平等对待孩子就是要把孩子当作朋友，尊重孩子就是最好的体现。在平时的家庭教育中，很多父母喜欢给孩子"贴标签"：对于"好孩子"，就钟爱有加，只见优点，不见缺点；而对于"坏孩子"，总觉得不顺眼，每天都忍不住批几句。

在父母"有色眼镜"和"标签效应"的影响下，"坏孩子"很可能就破罐子破摔，真成了"父母想他有多差，他就可以有多差"。所以父母应该平等对待孩子，不应以自己的好恶为标准。

另外，对待孩子的提醒、建议等，父母不要采取敷衍的态度，而是用平面镜，听听孩子个人的想法，认真对待他们的提醒和建议。

**多棱镜：折射存在的问题**

家庭教育中要多用"多棱镜"看问题，从不同方面查找孩子出现问题的原因，只有把原因找准、找全、找透，才能把问题解决好而不留后患。因为孩子的表达能力有限，有些言行背后其实隐藏着其他问题，家长若是看不到深层原因，就很容易误解孩子。因此，父母遇事先别急，应该温和地询问和引导孩子，找出根本原因，再解决问题。

### 显微镜：查找自身的不足

显微镜是专为家长准备的，每个成人都有缺点，家长也不例外，但是这些缺点往往容易被自己忽视，可是它们却潜移默化地影响着孩子。比如有的家长嫌孩子磨蹭，殊不知他自己也是慢性子；有的家长批评孩子总是丢三落四，可他自己平时也是这样。所以家长们也要不时地用显微镜审视自己，发现问题，发现自身的不足，找到问题的根结，从而对症下药。

### 结 语

智慧的家长，需要读懂两本书：第一本书是孩子这本书，同一个孩子在不同状态下会有不同的需要，请我们的家长，努力学习跟孩子的情感交流和互动。第二本书是父母要自己书写的一本书，这本书是关于你的言行、你的自我修炼。

爸爸妈妈送给孩子最好的礼物就是，让孩子学会思考。只有父母好好学习，孩子才会天天向上。